LIVRO-JOGO das Copas GLOBO ESPORTE

ORGANIZAÇÃO DE **LÉDIO CARMONA**
& MARCELO MARTINEZ

COM TEXTOS DE ▸ ALEX ESCOBAR • ARNALDO CEZAR COELHO • CAIO RIBEIRO • CLEBER MACHADO
FÁTIMA BERNARDES • GALVÃO BUENO • GLENDA KOZLOWSKI • GUSTAVO POLI
JOÃO PEDRO PAES LEME • JUNIOR • LUIZ CARLOS JR. • LUIS ROBERTO • MARCELO BARRETO
MILTON LEITE • PAULO CESAR VASCONCELLOS • PEDRO BASSAN • RENATO RIBEIRO
SIDNEY GARAMBONE • TADEU SCHMIDT • TIAGO LEIFERT • TINO MARCOS • WALTER CASAGRANDE

GLOBO ESPORTE   Casa da Palavra

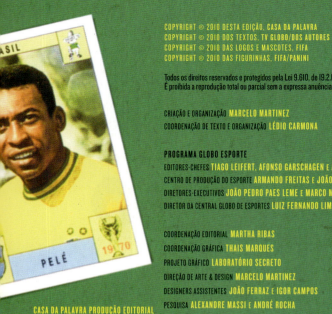

COPYRIGHT © 2010 DESTA EDIÇÃO, CASA DA PALAVRA
COPYRIGHT © 2010 DOS TEXTOS, TV GLOBO/DOS AUTORES
COPYRIGHT © 2010 DAS LOGOS E MASCOTES, FIFA
COPYRIGHT © 2010 DAS FIGURINHAS, FIFA/PANINI

Todos os direitos reservados e protegidos pela Lei 9.610, de 19.2.1998.
É proibida a reprodução total ou parcial sem a expressa anuência da editora.

CRIAÇÃO E ORGANIZAÇÃO **MARCELO MARTINEZ**
COORDENAÇÃO DE TEXTO E ORGANIZAÇÃO **LÉDIO CARMONA**

PROGRAMA GLOBO ESPORTE
EDITORES-CHEFES **TIAGO LEIFERT, AFONSO GARSCHAGEN E ARMANDO OLIVEIRA**
CENTRO DE PRODUÇÃO DO ESPORTE **ARMANDO FREITAS E JOÃO BARBOSA**
DIRETORES-EXECUTIVOS **JOÃO PEDRO PAES LEME E MARCO MORA**
DIRETOR DA CENTRAL GLOBO DE ESPORTES **LUIZ FERNANDO LIMA**

COORDENAÇÃO EDITORIAL **MARTHA RIBAS**
COORDENAÇÃO GRÁFICA **THAIS MARQUES**
PROJETO GRÁFICO **LABORATÓRIO SECRETO**
DIREÇÃO DE ARTE & DESIGN **MARCELO MARTINEZ**
DESIGNERS ASSISTENTES **JOÃO FERRAZ E IGOR CAMPOS**
PESQUISA **ALEXANDRE MASSI E ANDRÉ ROCHA**
PRODUÇÃO EDITORIAL **LEONARDO ALVES**
PRODUÇÃO GRÁFICA **LICIANE CORRÊA E VITOR MANES**
COPIDESQUE **LEONARDO MARTINS E TATIANE SOUZA**
REVISÃO **PAULO GOMES**

ILUSTRAÇÕES **GUSTAVO DUARTE** (INFOGRÁFICOS), **VINICIUS MITCHELL** ("MUDE A HISTÓRIA"), **IGOR CAMPOS** (UNIFORMES DAS SELEÇÕES CAMPEÃS E CAPITÃES BRASILEIROS) E **MARCELO MARTINEZ** (CAPA E "BARBA, CABELO, NARIZ E BIGODE")
FOTOGRAFIAS **CESAR DUARTE** (REPRODUÇÕES DE ACERVOS), **ACERVO MARCELO MONTEIRO** (QUARTA CAPA, P.04, 17, 25, 33, 53, 41, 71, 79, 192), **ACERVO RODRIGO DO MONTE GUERRA** (P.61, 71), **EDITORA PANINI** (ÁLBUNS DAS COPAS DO MUNDO; CAPA, P.04, 89, 101, 109, 117, 127, 139, 149, 159, 167, 179), **AGÊNCIA O GLOBO** (P.05, 14, 38, 58, 68, 91, 98; 106/SEBASTIÃO MARINHO; 114/ANIBAL PHILOT; 124, 136, 146; 169/IVO GONZALEZ; 176, 190-191/CEZAR LOUREIRO), **AGÊNCIA ESTADO** (P.02/MASAO GOTO; 14, 22), **ARQUIVO EFE** (P.43), **CORBIS** (P.30/HULTON-DEUTSCH COLLECTION; 50/DB; 76/BETTMANN; 86/SVEN SIMON/DPA; 128/JEAN-YVES RUSZNIEWSKI/TEMPSPORT; 156/CHRISTIAN LIEWIG/TEMPSPORT; 164/TIM DE WAELE)

Todos os esforços foram feitos para creditar devidamente os detentores dos direitos das imagens utilizadas neste livro. Eventuais omissões de crédito e copyright não são intencionais e serão devidamente solucionadas nas próximas edições, bastando que seus proprietários contatem os editores.

CIP-BRASIL. CATALOGAÇÃO-NA-FONTE
SINDICATO NACIONAL DOS EDITORES DE LIVROS, RJ
L762

    LIVRO-JOGO DAS COPAS GLOBO ESPORTE / [ORGANIZAÇÃO] MARCELO MARTINEZ, LÉDIO CARMONA; [ILUSTRAÇÕES DE GUSTAVO DUARTE E VINICIUS MITCHELL].– RIO DE JANEIRO: CASA DA PALAVRA, 2010.
    IL.

    APÊNDICE
    ISBN 978-85-7734-145-0

    1. COPA DO MUNDO (FUTEBOL) – HISTÓRIA. 2. FUTEBOL – TORNEIOS – HISTÓRIA. I. MARTINEZ, MARCELO. II. CARMONA, LÉDIO.

10-1799.   CDD: 796.334
                   CDU: 796.332

CASA DA PALAVRA PRODUÇÃO EDITORIAL
AV. CALÓGERAS, 6, SALA 1.001
RIO DE JANEIRO • 20030-070
T. 21 2222 3167 • 21 2224 7461
DIVULGA@CASADAPALAVRA.COM.BR
WWW.CASADAPALAVRA.COM.BR

Para o tio Pirilo, que me levou pela primeira vez ao Maracanã, naquele Flamengo 5x2 Campo Grande (dois do Zico) do início dos anos 1980. E para João, um menininho fã de futebol e figurinhas, que estará lá comigo na final da Copa de 2014.

M.M.

Para aqueles que representam meu hexacampeonato particular: minha mulher, Germana, camisa 10, e meu filho, Roberto, o Pequeno Bob, que veste a 1000. Para meu saudoso pai, Seu Carmona, que adoraria se divertir com este livro, e para minha mãe, que, há 45 anos, traz-me carinho, segurança e afeto. E para meus inesquecíveis avós, Odete e Lourenço, que me incentivaram a amar o mundo apaixonante do futebol.

L.C.

NÃO É QUALQUER JOGO. Não é qualquer evento. Não é um ponto a mais no extenso calendário da bola. É a Copa do Mundo. Todos querem estar nela. Jogando, trabalhando, torcendo, sorrindo, chorando, cantando, aplaudindo – até xingando! Esses ingressos exibidos aqui ao lado valem ouro – para muitos, quase uma vida. A chance de ter estado num Mundial é privilégio para poucos. E é dessa catarse que trata nosso livro.

Os craques da TV Globo estão acostumados com o glamour da Copa. A cada quatro anos, microfone e câmera em punho, eles contam a saga do Brasil e dos seus adversários. E, nestas páginas, relatam um pouco de suas experiências pessoais na cobertura do megaevento. Somos jornalistas. Mas também torcedores – e isso transforma esses relatos em algo ainda mais forte, sincero e verdadeiro.

Mas este é um livro diferente sobre Copas do Mundo. Calma, as estatísticas, informações sobre cada torneio e detalhes das campanhas do Brasil continuam com seu espaço cativo. Pode deixar!

Sabendo que todo torcedor é um especialista quando o assunto é bola, montamos um livro-jogo com diversos quizes e brincadeiras espalhadas ao longo das páginas para testar seus conhecimentos. E também adesivos, passatempos e até uma divertida maneira de exorcizar alguns fantasmas de Copas passadas!

E como relembrar é muito bom, ao longo das páginas você verá os diversos elencos do Brasil representados de uma maneira especial: com figurinhas, caixinhas de fósforos e outros objetos colecionáveis, que levam o torcedor em uma viagem por sua memória futebolística. É a eterna paixão pelo futebol, materializada nestes objetos lúdicos e afetivos.

Esperamos que você embarque conosco nesse passeio pela história das Copas. Seu ingresso está comprado! Bom jogo!

Lédio Carmona e Marcelo Martinez

1930 URUGUAI P.10

1934 ITÁLIA P.18

1938 FRANÇA P.26

1950 BRASIL P.34

1954 SUÍÇA P.46

1958 SUÉCIA P.54

1962 CHILE P.64

1966 INGLATERRA P.72

1970 MÉXICO P.82

1974 ALEMANHA P.94
1978 ARGENTINA P.102
1982 ESPANHA P.110
1986 MÉXICO P.120
1990 ITÁLIA P.132
1994 ESTADOS UNIDOS P.142
1998 FRANÇA P.152
2002 COREIA DO SUL E JAPÃO P.160
2006 ALEMANHA P.172
2010 ÁFRICA DO SUL P.182

Uruguai

30

13/07 a 30/07/1930

1º Uruguai
2º Argentina
3º EUA
4º Iugoslávia

Artilheiros
8 gols Guillermo Stábile (Argentina)
5 Pedro Cea (Uruguai)
4 Bert Patenaude (EUA) e
Guillermo Subiabre (Chile)

Final
Uruguai **4 x 2** Argentina

13 países participantes
Argentina, Bélgica, Bolívia, Brasil, Chile, Estados Unidos, França, Iugoslávia, México, Paraguai, Peru, Romênia e Uruguai

1 cidade-sede e seus estádios
Montevidéu (Centenário, Pocitos e Parque Central)

434.500 espectadores
18 partidas
70 gols **3,89** gols em média

Quiz:

1. Romênia 3 x 1 Peru é o jogo com menor público das Copas. A partida, disputada no dia 14 de julho de 1930, foi vista por:
A) 100 pessoas
B) 200 pessoas
C) 300 pessoas
D) 400 pessoas

2. Qual jogador da seleção uruguaia que não tinha a mão esquerda?
A) Héctor Castro
B) Pedro Cea
C) Enrique Ballesteros
D) Pablo Dorado

3. Qual foi o primeiro jogador a ser expulso em uma Copa do Mundo, em 1930?
A) Scarone (Uruguai)
B) Stefanovic (Iugoslávia)
C) De Las Casas (Peru)
D) Varallo (Argentina)

4. Qual seleção teve o melhor ataque do torneio?
A) Estados Unidos
B) Uruguai
C) Argentina
D) França

5. Nas semifinais, Uruguai e Argentina derrotaram, respectivamente, Iugoslávia e Estados Unidos pelo placar de:
A) 4 a 1
B) 4 a 2
C) 5 a 1
D) 6 a 1

6. Quantos jogos foram realizados nas eliminatórias para a Copa de 30?
A) 52
B) 42
C) 32
D) Não houve eliminatória

7. Quais países fundadores da FIFA participaram da Copa de 30?
A) Brasil e França
B) Bélgica e França
C) Bélgica e Romênia
D) Iugoslávia e Romênia

8. O primeiro gol da história das Copas foi marcado pelo francês:
A) Marcel Langiller
B) Alex Villaplane
C) Marcel Pinel
D) Lucien Laurent

9. Qual era a profissão de José Nasazzi, o capitão uruguaio na Copa, antes de se tornar jogador de futebol?
A) Alfaiate
B) Vendedor de sapatos
C) Bombeiro
D) Talhador de pedras

10. Os dois técnicos que comandaram a Argentina na Copa de 30 foram:
A) Francisco Olazar e Juan Tramutola
B) Francisco Olazar e Mario Francisco Fortunato
C) Mario Francisco Fortunato e Ludovico Bidoglio
D) Juan Tramutola e Mario Francisco Fortunato

11. Qual o primeiro grande jogador negro da história das Copas?
A) Lucien Laurent (França)
B) Ernest Liberati (França)
C) Leandro Andrade (Uruguai)
D) Pablo Dorado (Uruguai)

COLOQUE ESTA PÁGINA CONTRA A LUZ PARA VER AS RESPOSTAS

O GLOBO

EDIÇÃO DAS 17 HORAS

ANNO VI — N.º 1794 — Segunda-feira, 14 de julho

FUNDAÇÃO DE IRINEU MARINHO

Director-thesoureiro — HERBERT MOSES Director-Redactor chefe — EURYCLES DE MATTOS Director-gerente — A. LEAL DA COSTA

O seleccionado brasileiro se lança hoje, nos campos de Montevidéo, á conquista da primeira etapa para a grande victoria do Campeonato Mundial de Football

Depois de uma ausencia de annos, reapparece, hoje, em campo desportivo continental, concorrendo á uma victoria disputada pelos maiores jogadores das côres das duas Americas e da Europa, o seleccionado brasileiro! Elle vae disputar, com a energia que nos tem celebrado em mais de um torneio do Velho Continente e em muitos da Sul-America, com o garbo e a limpeza de jogo de que sempre nos ufanamos, para melhor recommendação aos sentimentos communs de lealdade e nobreza desportivos, o Campeonato Mundial de Football, que se realiza nos campos de Montevidéo. E' a nossa primeira partida no concorrido certamen, e nella vamos enfrentar o combinado da Yugo-Slavia, que terá de lutar com a combinação brasileira, que apparece na nossa gravura e cuja ordem é a seguinte: Joel; Italia e Brilhante; Hermogenes, Fausto e Fernando; Poly, Nilo, Araken, Prego e Theophilo. A todos esses jogadores, que se estream com as côres da C. B. D., agora, formulamos os mais vehementes votos de victoria, não só na partida de hoje como nas demais que se succederem, afim de que ao Brasil fique reservado o titulo tão ambicionado de todos

transformação repentina da luta na India
DA NÃO-VIOLENCIA, PREGADA PELO GANDHI, AO INCENDIO E O COMBATE

14 DE JULHO
As recepções da embaixada franceza

Flôr do Manacá
Uma visita de D. Stella Guerra Duval e uma carta da directoria da Pró-Matre

Amparando os orphãos dos ser... da Policia Militar
Como se vae realizando uma obra de grande...

NÃO HAVIA INTERNET. Não havia televisão. Não havia placar eletrônico.
Havia a bola. Apenas ela.

E bastou a magia da bola rolando para que, no dia 30 de julho de 1930, 80 mil pessoas lotassem o novíssimo estádio Centenário, em Montevidéu. De ternos, pulôveres e cachecóis, enfrentaram o frio invernal para assistir à primeira final de todos os tempos. A final da Copa do Mundo do Uruguai. Vencida pelos anfitriões, que escreveram 4 a 2 no placar, manual e de madeira, em cima dos argentinos.

Era um mundo estranho. Que uma década antes ainda curava as terríveis cicatrizes da Grande Guerra, sem imaginar que outro conflito insano estava por vir. Um mundo em que os europeus achavam que o Uruguai ficava longe demais para mandarem suas seleções. Foram apenas quatro para um pacífico conflito entre nações. Bélgica, Romênia, Iugoslávia e França. Mundo tão estranho que os Estados Unidos chegaram às semifinais, levando de 6 a 1 da Argentina.

O Brasil não fez bonito. Desde a convocação da Seleção, percebeu-se que seria difícil cantar: "Trinta e sete milhões em ação, para frente Brasil, do meu coração!"

Era o início do primeiro governo de Getúlio Vargas, e um racha político entre os dirigentes cariocas e os paulistas impediu que o time brasileiro mandasse seus melhores jogadores. Apenas um jogador de São Paulo, Araken, embarcou no navio que levou o time.

Quis o destino que a Seleção, de tantas glórias e fama, perdesse sua primeira partida em um Mundial. A Iugoslávia fez 2 a 1, e o primeiro gol brasileiro, dos 201 marcados até hoje, foi feito por Preguinho, ídolo do Fluminense.

Tudo bem, a Iugoslávia nem existe mais e o Brasil é pentacampeão.

Sidney Garambone

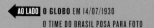
AO LADO O GLOBO EM 14/07/1930
O TIME DO BRASIL POSA PARA FOTO

Velloso, Itália e Zé Luis; Fausto, Hermógenes e Fernando; Moderato, Carvalho Leite, Russinho, Benedito e Preguinho

E AINDA **Joel, Brilhante, Fortes, Benevenuto, Ivan Mariz, Oscarino, Pamplona, Araken, Doca, Manoelzinho, Nilo, Poly e Teófilo**
TÉCNICO **Píndaro de Carvalho**

2 JOGOS, I VITÓRIA, I DERROTA, 5 GOLS A FAVOR, 2 GOLS CONTRA • 1ª FASE **IX2 IUGOSLÁVIA** PREGUINHO • **4X0 BOLÍVIA** MODERATO(2) E PREGUINHO(2)

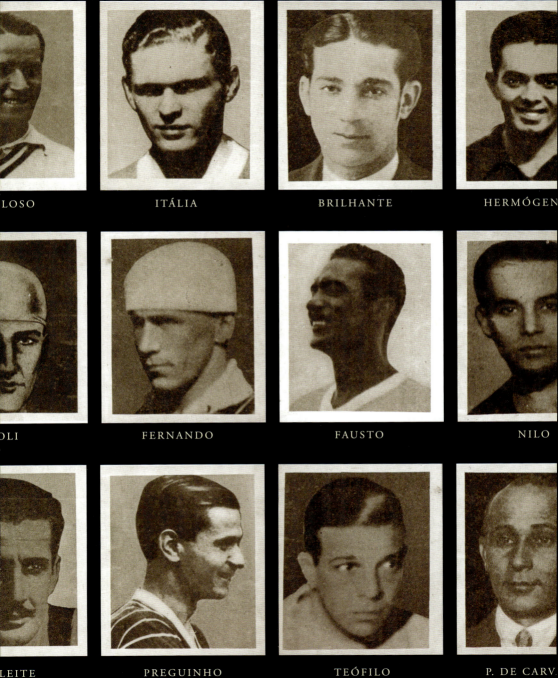

Itália

34

27/05 a 10/06/1934

1º Itália
2º Tchecoslováquia
3º Alemanha
4º Áustria

Artilheiros

5 gols Oldrich Nejedly (Tchecoslováquia)
4 Edmund Conen (Alemanha) e
Angelo Schiavio (Itália)

Final
Itália **2 x 1** Tchecoslováquia

27 inscritos nas eliminatórias

16 países participantes
Alemanha, Argentina, Áustria, Bélgica, Brasil, Egito, Espanha, Estados Unidos, França, Holanda, Hungria, Itália, Romênia, Suécia, Suíça e Tchecoslováquia

10 países estreantes em Copas
Alemanha, Áustria, Egito, Espanha, Holanda, Hungria, Itália, Suécia, Suíça e Tchecoslováquia

8 cidades-sede e seus estádios
Roma (Estádio Nacional), Milão (San Siro), Nápoles (Giorgio Ascarelli), Florença (Giovanni Berta), Bolonha (Littorale), Turim (Benito Mussolini), Trieste (Littorio) e Gênova (Luigi Ferraris)

358.000 espectadores
17 partidas
70 gols **4,12** gols em média

Quiz:

1. Os dois primeiros títulos mundiais da Itália foram conquistados em 1934 e 1938. Quantos jogadores da Azzurra atuaram nas duas finais?
A) 1
B) 2
C) 3
D) 4

2. Qual jogador da Itália atuou pela Argentina em 1930?
A) Giuseppe Meazza
B) Mario Pizziolo
C) Mario Varglien
D) Luis Monti

3. O árbitro da final, Ivan Eklind, também apitou partidas internacionais de:
A) Handebol e hóquei no gelo
B) Vôlei e tênis
C) Basquete e handebol
D) Vôlei e basquete

4. Attilio Demaría, apesar de ter sido campeão pela Itália, nasceu na:
A) Espanha
B) França
C) Argentina
D) Venezuela

5. Qual país sediaria a Copa de 34, mas acabou abrindo mão de organizar o torneio devido a uma crise financeira?
A) Espanha
B) Hungria
C) Romênia
D) Suécia

6. Qual jogador usou óculos durante os jogos?
A) Sindelar (Áustria)
B) Janes (Alemanha)
C) Bindea (Romênia)
D) Kieholz (Suíça)

7. Além da taça da FIFA, a seleção campeã da Copa de 34 também foi premiada pela federação italiana de futebol. Qual era o nome do troféu?
A) Taça Mussolini
B) Troféu Itália
C) Troféu Roma
D) Taça Viccaro

8. A seleção da Tchecoslováquia foi formada por jogadores desses dois times:
A) Bohemians e Slavia Praga
B) Slavia Praga e Sparta Praga
C) Slavia Praga e Teplice
D) Bohemians e Teplice

9. Quais as duas seleções que fizeram um jogo-desempate na Copa de 34?
A) Áustria e França
B) Áustria e Hungria
C) Itália e Espanha
D) Alemanha e Bélgica

10. Qual o nome do maior goleiro da história do futebol espanhol, que atuou na Copa de 34?
A) Eizaguirre
B) Nogues
C) Zamora
D) Ramallets

11. A final da Copa de 34 teve uma particularidade, que jamais se repetiu. Qual foi?
A) Única partida de um Mundial em que os dois tempos foram apitados por árbitros diferentes
B) Única final de Copa em que nenhum dos times realizou substituição de jogadores
C) Única final de Copa que teve dois goleiros como capitães de suas equipes
D) Única partida em que os técnicos de ambas as equipes foram expulsos

COLOQUE ESTA PÁGINA CONTRA A LUZ PARA VER AS RESPOSTAS ➡

A COPA DE 34 FOI A PRIMEIRA a classificar as seleções pelo hoje conhecido sistema de eliminatórias, tendo 27 países na disputa por vagas. Dezesseis foram classificados. A Celeste, campeã na edição anterior, boicotou a Copa dos italianos, numa resposta à ausência dos principais países europeus no torneio realizado em sua casa. Foi a primeira e última vez em que o campeão de uma edição da Copa não participou da seguinte.

A temporada na Itália foi bem curta para o Brasil. Nosso futebol vivia ainda uma crise na passagem do amadorismo para o profissionalismo e, como na Copa de 30, não foi representado por alguns bons jogadores paulistas.

Assim, a participação da seleção brasileira durou apenas um jogo, a derrota por 3 a 1 para a Espanha, numa partida em que nossos atletas sofreram com a precária preparação para o torneio e não aguentaram a correria espanhola.

Todos os jogos eram eliminatórios. Não tivemos uma segunda chance. O gol do Brasil foi marcado pelo lendário Leônidas da Silva, então jogador do Vasco da Gama. A base do time era o Botafogo do goleiro Pedrosa, que emprestou seu nome ao antigo Torneio Rio-São Paulo.

Aliás, o ambiente na Itália não era dos mais convidativos. O país vivia sob o regime fascista do ditador Benito Mussolini, que usou a competição como propaganda de seu governo autoritário. Nesse cenário, a seleção italiana, reforçada de jogadores argentinos e do brasileiro Filó, conquistou a sua primeira Copa do Mundo. Venceu a Tchecoslováquia por 2 a 1, na final. Foi o início de uma história vitoriosa da seleção conhecida como a Squadra Azzurra, atual campeã do mundo e temida pelo seu futebol de força e coração.

Alex Escobar

AO LADO SELEÇÃO ITALIANA COM MUSSOLINI

Pedrosa, Sylvio Hoffman e Luiz Luz; Tinoco, Martin Silveira e Canalli; Luisinho, Waldemar de Brito, Armandinho, Leônidas da Silva e Patesko

E AINDA **Germano, Otacílio, Ariel, Waldir, Átila e Carvalho Leite**
TÉCNICO **Luís Vinhaes**

I JOGO, I DERROTA, I GOL A FAVOR, 3 GOLS CONTRA • Iª FASE **IX3 ESPANHA** LEÔNIDAS DA SILVA

rosa

Sílvio   Luiz Luz

Tinoco

artim

Canalli

Luisinho

W. de Brit

mandinho

Leônidas da S.   Patesco

L. Vinhaes

França

38

04/06 a 19/06/1938

1º Itália
2º Hungria
3º Brasil
4º Suécia

Artilheiros

7 gols Leônidas da Silva (Brasil)
6 Zsengeller (Hungria)
5 Piola (Itália) e Sarosi (Hungria)

Final
Itália **4 x 2** Hungria

21 inscritos nas eliminatórias

15 países participantes
Alemanha, Bélgica, Brasil, Cuba, França, Holanda, Hungria, Índias Holandesas, Itália, Noruega, Polônia, Romênia, Suécia, Suíça e Tchecoslováquia

4 países estreantes em Copas
Cuba, Índias Holandesas, Noruega e Polônia

10 cidades-sede e seus estádios
Paris (Parc des Princes), Colombes (Olímpico), Reims (Vélodrome), Toulouse (Chapou), Marselha (Vélodrome), Strasbourg (Meinau), Le Havre (Cavée Verte), Bordeaux (Parc Lescure), Lille (Victor Boucquey) e Antibes (Fort Carée)

376.000 espectadores
18 partidas
84 gols **4,67** gols em média

Quiz:

1. Que regra para as Copas do Mundo foi implantada pela primeira vez na edição de 1938?
A) Na fase eliminatória, os empates seriam decididos na prorrogação pelo Gol de Ouro
B) O campeão da Copa tem vaga garantida no Mundial seguinte
C) O país-sede tem vaga garantida na Copa
D) Cada seleção deve ser composta exclusivamente de jogadores natos ou naturalizados do país que representam

2. Qual país cedeu jogadores à Alemanha por ordem de Hitler?
A) Dinamarca
B) Suíça
C) Áustria
D) Hungria

3. Duas seleções não marcaram um gol sequer na edição de 1938. Quais foram elas?
A) Holanda e Índias Holandesas
B) Cuba e Romênia
C) Cuba e Suíça
D) Cuba e Índias Holandesas

4. Quais países desistiram de disputar a Copa de 38 devido às guerras civis na Europa?
A) Áustria e Iugoslávia
B) Espanha e Portugal
C) Inglaterra e Suécia
D) Áustria e Espanha

5. Quantos jogos da primeira fase precisaram ser decididos na prorrogação?
A) 2
B) 3
C) 4
D) 5

6. As Índias Holandesas são conhecidas atualmente como:
A) Tailândia
B) Indonésia
C) Vietnã
D) Papua Nova Guiné

7. Na partida contra a França, a seleção italiana vestiu um uniforme:
A) Verde
B) Vermelho
C) Branco
D) Preto

8. Qual a pior defesa da Copa de 38?
A) Índias Holandesas
B) Suécia
C) Cuba
D) Polônia

9. Qual a única seleção que dispunha de um avião para viajar entre as sedes da Copa?
A) França
B) Itália
C) Alemanha
D) Hungria

10. Qual jogador polonês fez quatro gols na seleção brasileira?
A) Wodarz
B) Lato
C) Piontek
D) Wilimowski

11. Qual cidade recebeu a final da Copa de 38?
A) Colombes
B) Marselha
C) Bordeaux
D) Paris

COLOQUE ESTA PÁGINA CONTRA A LUZ PARA VER AS RESPOSTAS

O BRASIL NÃO GANHOU a Copa de 38, na França. Ficou em terceiro lugar e viu a Itália conquistar o bicampeonato. Mas apresentou para o mundo um certo Domingos da Guia.

Ninguém sai da pia batismal com o nome de Domingos impunemente. Não por vontade dos pais, mas naquele instante decreta-se que o recém-nascido marcará sua passagem por este planeta. Quando, além do nome que se associa diretamente ao dia consagrado ao descanso, o moleque ainda tem a segui-lo um "da Guia", a certeza de que ele será diferente se confirma. Embora os que o cercam não tenham a menor ideia do que vá acontecer.

Para não decepcionar o destino, Domingos da Guia fez história no futebol mundial. Poderia ter sido muitas coisas, mas casou-se com o esporte. Escolheu a profissão, à época não tão nobre, de jogador. Atividade sem futuro que era "olhada de viés" pelos de "boa família", como se dizia naqueles tempos. E dentro dela, escolheu a posição de zagueiro, que na época chamava-se "beque". Criou um estilo, digno de modelo em desfile na Semana de Milão ou Paris, e mostrou que, naquela posição, antes do pontapé cabia a antecipação e, do chutão, o passe.

São poucas as histórias que contam deste beque – e o teor de verdade é inversamente proporcional à dimensão do relato. Mesmo com uma falha, que inspirou o maldoso apelido de "domingada" para erros de zagueiros, ele entrou para a enciclopédia do futebol.

Alguém perguntará como um sujeito de 52 anos, o degas aqui, pode falar com esta autoridade sobre um zagueiro que não viu jogar. Simples: Domingos da Guia fez história, e sem esse craque o esporte não teria chegado aonde chegou. Ele ajudou a construir tudo o que o futebol brasileiro tem hoje. É impossível ficar indiferente ao estilo, à elegância e à categoria desse eterno Domingos.

Paulo Cesar Vasconcellos

AO LADO OS CAPITÃES DE ITÁLIA (MEAZZA) E HUNGRIA (SAROSI) SE CUMPRIMENTAM ANTES DA FINAL

Walter, Domingos da Guia e Machado; Zezé Procópio, Martin Silveira e Afonsinho; Lopes (Roberto), Romeu, Leônidas da Silva, Perácio e Hércules

E AINDA **Batatais, Jaú, Nariz, Argemiro, Brandão, Brito, Luisinho, Niginho, Patesko e Tim** TÉCNICO **Adhemar Pimenta**

5 JOGOS, 3 VITÓRIAS, I EMPATE, I DERROTA, 14 GOLS A FAVOR, II GOLS CONTRA • OITAVAS **6X5 POLÔNIA** LEÔNIDAS DA SILVA(3), PERÁCIO(2) E ROMEU • QUARTAS **IXI TCHECOSLOVÁQUIA** LEÔNIDAS DA SILVA • DESEMPATE **2XI TCHECOSLOVÁQUIA** LEÔNIDAS DA SILVA E ROBERTO SEMIFINAL **IX2 ITÁLIA** ROMEU • 3° LUGAR **4X2 SUÉCIA** LEÔNIDAS DA SILVA(2), ROMEU E PERÁCIO

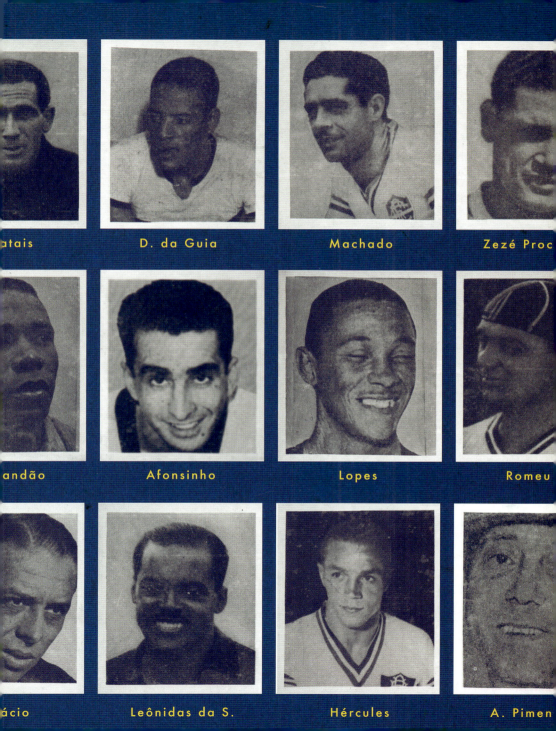

Brasil

50

24/06 a 16/07/1950

1º Uruguai
2º Brasil
3º Suécia
4º Espanha

Artilheiros
9 gols Ademir (Brasil)
5 Miguez (Uruguai) e Basora (Espanha)

Final
Uruguai **2 x 1** Brasil

19 inscritos nas eliminatórias

13 países participantes
Bolívia, Brasil, Chile, Espanha, Estados Unidos, Inglaterra, Itália, Iugoslávia, México, Paraguai, Suécia, Suíça e Uruguai

1 país estreante em Copas
Inglaterra

6 cidades-sede e seus estádios
Rio de Janeiro (Maracanã),
São Paulo (Pacaembu),
Belo Horizonte (Independência),
Porto Alegre (Eucaliptos),
Recife (Ilha do Retiro) e
Curitiba (Durival de Brito)

1.043.500 espectadores
22 partidas
88 gols **4** gols em média

Quiz:

1. Qual jogador uruguaio levantou a taça em 1950?
A) Ghiggia
B) Schiaffino
C) Gambetta
D) Obdulio Varela

2. Em 1950, o troféu passou a ser chamado de:
A) Taça FIFA
B) Troféu Jules Rimet
C) Taça Campeão do Mundo
D) Copa de Ouro FIFA

3. Por que a Índia não disputou a Copa de 50?
A) A FIFA não autorizou que os atletas jogassem descalços
B) Não tinham como vir de avião ao Brasil
C) A FIFA não permitia hinduístas no torneio
D) O país foi vetado pelos Estados Unidos

4. Qual foi o placar da maior goleada do Mundial, aplicada pelo Uruguai sobre a Bolívia?
A) 6 a 0
B) 7 a 0
C) 7 a 1
D) 8 a 0

5. Os Estados Unidos protagonizaram a primeira grande zebra das Copas ao eliminar a:
A) Itália
B) Espanha
C) Inglaterra
D) Suécia

6. Por que não houve Copa do Mundo em 1942 e 1946?
A) Segunda Guerra Mundial
B) Fracasso da edição de 1938
C) Boicote dos países europeus
D) Crise financeira da FIFA

7. Três países, mesmo classificados, desistiram de participar da Copa. Quais foram eles?
A) Escócia, Irã e Japão
B) Escócia, Índia e Turquia
C) Alemanha, Escócia e Canadá
D) Canadá, Índia e Irã

8. Dentre estas mudanças, qual surgiu na Copa de 50?
A) Jogadores passaram a usar números nas camisas
B) Invenção do cartão amarelo
C) Possibilidade de substituição de jogadores durante a partida
D) Os goleiros passaram a usar um uniforme de cor diferente do resto do time

9. Quantos anos tinha o atacante uruguaio Rúben Morán na final de 1950?
A) 17
B) 18
C) 19
D) 20

10. A Suécia, terceira colocada, teve a defesa mais vazada da competição com:
A) 8 gols sofridos
B) 11 gols sofridos
C) 14 gols sofridos
D) 15 gols sofridos

11. Quais os dois campeões mundiais que foram homenageados com uma estátua de bronze no estádio Centenário, em Montevidéu?
A) José Nasazzi e Juan Schiaffino
B) Alcides Ghiggia e Juan Schiaffino
C) Alcides Ghiggia e Obdulio Varela
D) Obdulio Varela e José Nasazzi

COLOQUE ESTA PÁGINA CONTRA A LUZ PARA VER AS RESPOSTAS

CAMPEÃO O URUGUAI

NUMA ESPLÊNDIDA DEMONSTRAÇÃO DE COMBATIVIDADE, A SELEÇÃO ORIENTAL CONQUISTOU A TAÇA JULES RIMET — BAQUEOU O ESQUADRÃO BRASILEIRO, AO TERMO DE EMPOLGANTE ARRANCADA — DA EXPECTATIVA FREMENTE À DECEPÇÃO AMARGA — EXEMPLAR A ATITUDE DA MULTIDÃO ONTEM PRESENTE AO ESTÁDIO, INCENTIVANDO AS NOSSAS CORES E APLAUDINDO OS VENCEDORES — DUAS FALHAS LAMENTÁVEIS TORNARAM MAIS PATENTE UMA TARDE INFELIZ DOS JOGADORES PATRÍCIOS

Maspoli — Mathias Gonzalez — Tejera — Gambetta — Obdulio Varela — Rodrigo Andrade — Gigjia — Julio Perez

NOVAMENTE COM OS OLÍMPICOS

Vinte anos depois a "Copa do Mundo" voltou ontem às mãos dos seus primeiros ganhadores: os uruguaios. Numa reformulação da sua fama tradicional, o País Oriental de luta documentada durante toda a história do seu futebol, os orientais surpreenderam ontem à tarde no majestoso Estádio Municipal ao seu triunfante, impondo-lhes uma derrota por 2 a 1. Um resultado amargo para nós brasileiros, mas que para os "celestes" representou um feito sobremaneira honroso e digno da alegria com que eles festejaram o triunfo sensacional. O clichê que apresentamos acima é um testemunho desse alevre dos uruguaios. Onde se vê a Sra. Volper, depois de alguns outros uruguaio ter jurado a taça de ouro nas mãos e um sorriso largo e franco no seu rosto feliz. A Taça Jules Rimet foi entregue aos uruguaios em pleno gramado pelo Sr. Jules Rimet.

DESEMBARQUE AMERICANO NA COSTA LESTE DA COREIA

Para barrar a marcha de forças blindadas comunistas — Esboroaram-se as defesas dos Estados Unidos ao longo do rio Kum — Muito embora sofressem tremenda devastação em suas fileiras, as hordas norte-coreanas investiam com fanática fúria sobre as posições ianques — Taejon sob o fogo da artilharia vermelha

GRANDE QUARTEL GENERAL AMERICANO NA COREIA, 20 (AFP) — Forças americanas desembarcaram na costa oriental da Coreia do Sul, sábado — anunciou o Grande Quartel General.

ENFRENTANDO AS FORÇAS BLINDADAS COMUNISTAS
GRANDE QUARTEL GENERAL AMERICANO NA COREIA, 16 (AFP) — Tropas americanas desembarcaram na costa leste da Coreia, para bloquear a estrada às forças blindadas norte-coreanas

ENTRE OS PARALELOS 37 E 36

O GLOBO

FUNDAÇÃO DE IRINEU MARINHO

Diretor-Redator-Chefe: **ROBERTO MARINHO**
Diretor-Substituto: **RICARDO MARINHO**

Diretor-Tesoureiro: **HERBERT MOSES**
Diretor-Gerente: **J. BASTOS PADILHA**

ANO XXV — N. 7171 — Rio — Segunda-feira, 17 de julho de 1950

CENTO E SESSENTA E NOVE FERIDOS

As pessoas socorridas, ontem, no Estádio Municipal

No transcurso da peleja travada, ontem, entre as equipes do Brasil e do Uruguai, o Posto Médico de Emergência, instalado no Estádio Municipal pela direção do H.P.S., acorreu nada menos de 169 espectadores que receberam ferimentos ocasionados por quedas e outros acidentes. Além desses, sete vítimas precisaram os socorros da Assistência do Meyer.

Os feridos que foram socorridos pelo Posto Médico de Emergência, foram:

[lista de nomes e endereços...]

MORREU DE EMOÇÃO

O sargento reformado não resistiu à derrota do scratch brasileiro

O sargento João Soares da Silva

A derrota do selecionado brasileiro foi um verdadeiro choque para os torcedores. Ninguém se conformava e todos jogavam, estampada na fisionomia o desapontamento causado pela perda da peleja decisiva. Em homens e mulheres de todas as idades nas ruas nos cafés e nos meios de condução, era estampada a tristeza. No meio dessa tristeza registrou-se um caso doloroso. Às 17,45 horas, foi chamada com urgência, à rua Isidro, sem número, a Casa de Saúde N.S. do Mar, no bairro de Brás. Defuntos Chegando ali com presteza verificou o médico que nada mais havia a fazer que atestar o óbito de João Soares da Silva, sargento reformado do Exército, com a idade de 60 anos. O fato foi comunicado ao dia-necrotério, para o reconhecimento do corpo e o necroterio.

CONCLUI NA 6ª PÁGINA

EDIÇÃO MATUTINA

INCIDENTE COM TURISTAS URUGUAIOS

Desentenderam-se com torcedores exaltados — O GLOBO e o embaixador Giordano Eccher

Miguez — Schiaffino — Moran

A RENDA TOTAL DO CAMPEONATO

Mais de trinta e seis milhões arrecadados

Prosseguindo na sua obra de recorde de renda de renda do jogo para jogo, a Estádio Municipal proporcionou ontem com a peleja finalíssima Brasil e Uruguai mais um recorde de arrecadação pois atingiu a cifra máxima de Cr$ 6.262.999,00, distribuídos da seguinte maneira:
1.º — (campeão) 4 pontos ganhos e 1 perdido
2.º — BRASIL — com 4 pontos ganhos e 2 perdidos
3.º — SUÉCIA — com 2

A classificação final

Foi esta a classificação dos concorrentes ao turno finalista da Copa do Mundo de 1950:
1.º — (campeão) 4 pontos ganhos e 1 perdido
2.º — BRASIL — com 4 pontos ganhos e 2 perdidos
3.º — SUÉCIA — com 2

Na fotografia aparecem os turistas Galileu Garbín, Hugo Sencion, falando ao nosso repórter, e o comerciante Wilson Dias, que foi ferido à faca no incidente

Alguns turistas uruguaios estiveram, ontem, em nossa redação...

1D • 2B • 3A • 4D • 5C • 6A • 7B • 8A • 9C • 10D • 11D

O FUTEBOL NASCEU PARA SER CONTRADITÓRIO; para mergulhar nossos sentidos em emoções muitas vezes opostas. E o Maracanã talvez seja para os brasileiros o grande cenário dessa contradição. Inaugurado em 1950, o empreendimento monumental ia além da concepção de arena esportiva: era a síntese, literalmente concreta, de aspirações da nação que precisava se afirmar diante do "mundo desenvolvido". Nenhum arquiteto ou engenheiro da época, no entanto, previu em suas fórmulas matemáticas que o coliseu moderno, erguido na Zona Norte do Rio, abrigaria a maior frustração esportiva do Brasil em todos os tempos.

Construído o palco para o espetáculo da Copa do Mundo daquele ano, os personagens pareciam interpretar uma história épica. De goleada em goleada, a seleção brasileira mantinha-se fiel ao roteiro redigido pelo imaginário coletivo: ganhar a Copa no templo esportivo. A cada jogo, mais pessoas se aglomeravam na torcida e cobriam o frio cimento dos degraus com um calor humano de quem sentia, vibrava, suava e sofria como se fosse parte de um organismo só. No fatídico domingo, 16 de julho de 1950, quase 200 mil pessoas espremiam-se no anel do Maracanã à espera da consagração de seus heróis. Tinham o aplauso guardado. O apito do árbitro seria mera formalidade para encerrar o espetáculo. Afinal, depois de vencer, nas partidas anteriores, a Suécia por 7 a 1 e a Espanha por 6 a 1, a seleção brasileira chegara à decisão como favorita contra o Uruguai. O mais pessimista dos torcedores talvez sonhasse com um "modesto" 4 a 1.

Mas o resto da história é conhecido: o Brasil fez 1 a 0 com Friaça. E, quando todos imaginavam o *grand finale* de mais um espetáculo, a virada deu tintas dramáticas ao domingo que deveria ser de festa. Schiaffino empatou e Ghiggia fez o gol da improvável vitória uruguaia. Perplexa, a multidão levou meia hora para deixar o estádio. Saímos, mesmo os ainda não nascidos na época, maltratados por aquela derrota. Um tormento que passou de geração em geração e nos assombra até hoje. Porém, se fez tanto mal ao Brasil naquele instante e nos dias seguintes, o episódio, conhecido como "Maracanaço" (*Maracanazo*, em espanhol), serviu para reinventar a alma brasileira de certa forma. Renascemos daquele tormento e aprendemos a ser mais fortes nas Copas seguintes.

João Pedro Paes Leme

◀ AO LADO **O GLOBO** EM 17/07/1950

Barbosa, Augusto e Juvenal; Bauer, Danilo e Bigode; Friaça, Zizinho, Ademir, Jair e Chico

E AINDA **Castilho, Nena, Nilton Santos, Eli, Noronha, Rui, Adãozinho, Alfredo, Baltazar, Maneca e Rodrigues** TÉCNICO **Flávio Costa**

6 JOGOS, 4 VITÓRIAS, I EMPATE, I DERROTA, 22 GOLS A FAVOR, 6 GOLS CONTRA • Iª FASE **4X0 MÉXICO** ADEMIR(2), JAIR E BALTAZAR • **2X2 SUÍÇA** ALFREDO E BALTAZAR **2X0 IUGOSLÁVIA** ADEMIR E ZIZINHO • **FASE FINAL 7XI SUÉCIA** ADEMIR(4), CHICO(2) E MANECA • **6XI ESPANHA** ADEMIR(2), CHICO(2), JAIR E ZIZINHO **IX2 URUGUAI** FRIAÇA

E PEDRO BASSAN MUDOU A HISTÓRIA!

Todos os povos do planeta têm inveja das dez Copas que o Brasil ganhou. Mas eles não sabem que vida de decacampeão não é nada fácil. Às vezes, precisamos fazer exercícios de humildade e lembrar que alguns títulos por pouco não nos escaparam.

O primeiro, por exemplo, foi o da Copa de 50. Aquela festa, que começou no Maracanã com quase 200 mil pessoas e se transformou num feriado oficial de uma semana em todo o país, quase não aconteceu. Acreditem: o Uruguai quase ganhou a final. Ainda não havia televisão, e as imagens em filme daquele episódio se perderam para sempre. Mas, aos 34 do segundo tempo, Barbosa pegou um chute de Ghiggia. Foi uma das mais belas defesas de todos os tempos em Copas do Mundo.

E sejamos honestos: em 1974, o Carrossel Holandês merecia ganhar. Rivellino fez o gol da virada dando um soco na bola que só o juiz não viu. Na final contra a Polônia, o craque deles, Lato, cortou a vasta cabeleira em sinal de protesto.

Em 1982, o Brasil estava eliminado até quase o último minuto do jogo contra a Itália. Oscar empatou com um gol de cabeça, deixando o goleiro Zoff estendido no chão. A cabeçada foi certeira, mas o que fez desse gol o mais bonito daquela Copa foi um passe genial de Toninho Cerezo.

Zico tornou-se bicampeão do mundo em 1986. Mesmo machucado, ele entrou durante o jogo mais difícil, contra a França, e decidiu a partida. Cobrou um pênalti tão bem que o goleiro Bats até aplaudiu ao ver a bola no fundo da rede.

É difícil acreditar que o Brasil já tenha sofrido tanto em Copas do Mundo. Principalmente depois do título facílimo de 2006, quando Roberto Carlos marcou aquele golaço na final, com sua chuteira desamarrada voando junto com a bola em direção ao gol.

Pedro Bassan

GHIGGIA VENCE BARBOSA E MARCA **AO LADO**
O SEGUNDO GOL DO URUGUAI

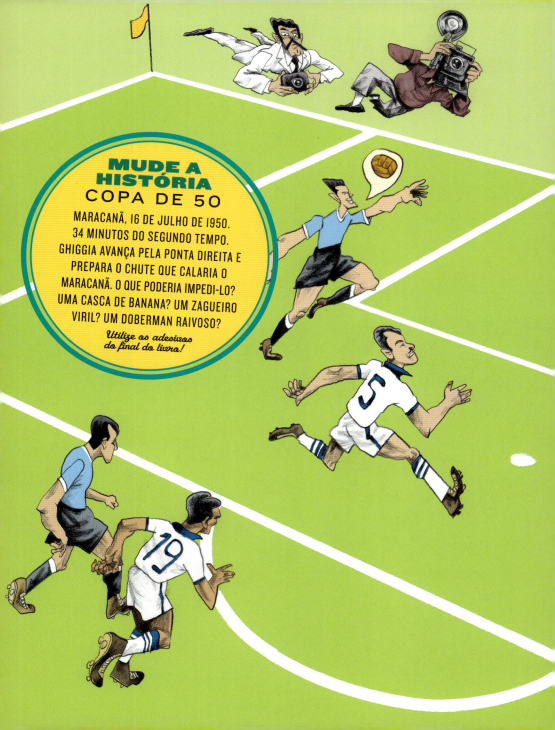

Suíça

54

16/06 a 04/07/1954

1º Alemanha Oc.
2º Hungria
3º Áustria
4º Uruguai

Artilheiros
11 gols Kocsis (Hungria)
6 Morlock (Alemanha Ocidental) e Probst (Áustria)

Final
Alemanha Ocidental **3 x 2** Hungria

33 inscritos nas eliminatórias

16 países participantes
Alemanha Ocidental, Áustria, Bélgica, Brasil, Coreia do Sul, Escócia, França, Hungria, Inglaterra, Itália, Iugoslávia, México, Suíça, Tchecoslováquia, Turquia e Uruguai

3 países estreantes em Copas
Coreia do Sul, Escócia e Turquia

6 cidades-sede e seus estádios
Berna (Wankdorf), Basileia (Saint Jakob), Genebra (Charmilles), Lugano (Cornaredo), Lausanne (La Pontaise) e Zurique (Hardturm)

889.500 espectadores
26 partidas
140 gols **5,38** gols em média

Quiz:

1. Qual particularidade da Copa de 54 nunca mais se repetiu?
A) Nenhuma seleção terminou o torneio invicta
B) O país-sede foi eliminado logo na primeira fase
C) O campeão da Copa anterior não participou dessa edição
D) Nenhum jogador foi expulso durante as partidas

2. Qual a seleção que mais marcou gols na Copa 54?
A) Uruguai
B) Hungria
C) Brasil
D) Holanda

3. Qual a principal novidade nos uniformes das seleções?
A) Número nos shorts
B) Surgimento das camisas com listras
C) Criação dos uniformes reservas
D) Numeração fixa dos jogadores

4. Quantos anos durou a invencibilidade da Hungria até a derrota na decisão?
A) 1
B) 2
C) 3
D) 4

5. Qual jogador atuou machucado na final?
A) Morlock (Alemanha Ocidental)
B) Fritz Walter (Alemanha Ocidental)
C) Puskas (Hungria)
D) Hidegkuti (Hungria)

6. Qual o esquema tático usado pela seleção húngara em 1954?
A) 2-3-5
B) 4-3-3
C) 4-2-4
D) WM

7. Áustria e Suíça, em 1954, fizeram o jogo com maior número de gols na história das Copas: 12. Quanto terminou a partida?
A) Áustria 8 x 4 Suíça
B) Áustria 7 x 5 Suíça
C) Áustria 6 x 6 Suíça
D) Suíça 7 x 5 Áustria

8. Em 1954, qual goleiro sofreu mais gols (16) na história das Copas do Mundo?
A) Kurt Schmied (Áustria)
B) Benito Carvajales (Cuba)
C) Kalle Svensson (Suécia)
D) Dook Hong (Coreia do Sul)

9. Qual jogo recebeu a alcunha de "A Batalha de Berna", em 1954?
A) Hungria x Alemanha Ocidental
B) Hungria x Brasil
C) Alemanha Ocidental x Áustria
D) Alemanha Ocidental x Iugoslávia

10. Quantos gols marcaram juntas as seleções da Alemanha Ocidental e da Hungria?
A) 49
B) 50
C) 51
D) 52

11. Qual a primeira partida transmitida pela televisão em uma Copa?
A) Iugoslávia x França
B) Brasil x México
C) Alemanha Ocidental x Turquia
D) Áustria x Escócia

COLOQUE ESTA PÁGINA CONTRA A LUZ PARA VER AS RESPOSTAS

A HUNGRIA DE 1954 era o time do Armando Nogueira. Quem criou o epíteto foi Nelson Rodrigues, um nacionalista em pleno curso de sua campanha contra o complexo de vira-latas causado pela derrota para o Uruguai em 1950. Nelson não queria aceitar o que o mundo inteiro acabaria por entender: o esquadrão comandado por Puskas, com o auxílio luxuoso de Kocsis, Czibor e Hidegkuti, era capaz de encantar até um jornalista vindo do Brasil.

Aquela era a primeira Copa que o Seu Armando cobria no exterior, a segunda das 15 em que estaria presente até nos deixar, a poucos meses do Mundial da África do Sul. Ele, que presenciara o *Maracanazo* quatro anos antes, embarcou para a Suíça com uma câmera fotográfica Leica para documentar o que todos esperavam ser um processo de reconstrução da seleção brasileira. Pela primeira vez de camisas amarelas – substituindo as brancas que a torcida agora associava à tragédia –, um grupo renovado foi à Suíça. Dos 11 que haviam entrado em campo contra o Uruguai, apenas Bauer estava entre os titulares da estreia, ao lado de jovens que quatro anos depois levantariam o caneco na Suécia: Didi, Djalma Santos e Nilton Santos.

Uma goleada sobre o México, com show do ponta-direita Julinho Botelho, e um empate com a Iugoslávia levariam o Brasil à segunda fase, eliminatória, para enfrentar a Hungria. Campeões olímpicos em 1952, os húngaros já eram a sensação da Copa quando – sem Puskas, seu camisa 10 gorducho e genial, que estava machucado – venceram nossa Seleção por 4 a 2. O jogo terminou com três expulsos e uma briga que continuou nos vestiários – fotografada através de uma janela pelas lentes da Leica do Seu Armando.

Após eliminar o Uruguai na semifinal, a Hungria chegou como franca favorita à final contra a Alemanha, a quem batera por impressionantes 8 a 3 na primeira fase. Abriu 2 a 0 em dez minutos – com um gol de Puskas, que voltava ao time.

Ainda hoje se discute se os alemães tinham escondido o jogo, se foi o campo pesado por causa da chuva ou uma empáfia dos húngaros. O fato é que não foi o "Major Galopante" (apelido de Puskas) que recebeu a taça das mãos de Jules Rimet, e sim Fritz Walter, capitão alemão, depois de um 3 a 2 de virada que ficou conhecido como o "Milagre de Berna".

Um título que a poesia do Seu Armando não aprovaria. Milagres são para deixar as pessoas felizes, e a derrota da Hungria entristeceu a história das Copas.

Marcelo Barreto

AO LADO O CRAQUE PUSKAS, NA FINAL CONTRA A ALEMANHA

Castilho, Djalma Santos, Pinheiro e Nilton Santos; Bauer e Brandãozinho; Julinho, Didi, Índio, Humberto Tozzi e Maurinho

E AINDA **Cabeção, Veludo, Alfredo, Mauro, Paulinho, Dequinha, Didi, Eli, Baltazar, Pinga, Rodrigues e Rubens** TÉCNICO **Zezé Moreira**

3 JOGOS, I VITÓRIA, I EMPATE, I DERROTA, 8 GOLS A FAVOR, 5 GOLS CONTRA • 1ª FASE
5X0 MÉXICO PINGA(2), BALTAZAR, DIDI E JULINHO • **1X1 IUGOSLÁVIA** DIDI
2X4 HUNGRIA DJALMA SANTOS E JULINHO

Suécia

58

08/06 a 29/06/1958

1º Brasil ★
2º Suécia
3º França
4º Alemanha Oc.

Artilheiros
13 gols Just Fontaine (França)
6 Pelé (Brasil) e Rahn (Alemanha Ocidental)

Final
Brasil **5 x 2** Suécia

46 inscritos nas eliminatórias

16 países participantes
Alemanha Ocidental, Argentina, Áustria, Brasil, Escócia, França, Hungria, Inglaterra, Irlanda do Norte, Iugoslávia, México, País de Gales, Paraguai, Suécia, Tchecoslováquia e União Soviética

3 países estreantes em Copas
Irlanda do Norte, País de Gales e União Soviética

10 cidades-sede e seus estádios
Estocolmo (Rasunda), Gotembrugo (Nya Ullevi), Idrottsparken (Norrkoping), Malmo (Malmo FF), Vasteras (Arosvallen), Sandviken (Jarnvallen), Helsingborg (Olympia), Halmstad (Orjans Vall), Orebro (Eyravallen) e Eskilstuna (Tunavallen)

919.580 espectadores
35 partidas
126 gols **3,6** gols em média

Quiz:

1. Ao empatar com o País de Gales em 1958, o México garantiu seu primeiro ponto em Copas do Mundo e quebrou uma sequência de:
A) 7 derrotas
B) 8 derrotas
C) 9 derrotas
D) 10 derrotas

2. Qual regra foi criada pela comissão de arbitragem na Copa de 58?
A) Surgimento dos cartões
B) Camisa para dentro do short
C) Cara ou coroa no início dos jogos
D) Expulsão direta por carrinho

3. Just Fontaine não é francês de nascimento. Em qual país ele nasceu?
A) Marrocos
B) Argélia
C) Bélgica
D) Guiana Francesa

4. O primeiro 0 a 0 em Copas do Mundo aconteceu em 1958. Qual foi a partida?
A) Alemanha Ocidental x Irlanda do Norte
B) Suécia x País de Gales
C) Brasil x Inglaterra
D) Iugoslávia x Escócia

5. Em 1958, a Argentina sofreu a pior goleada de sua história em Copas. Quanto acabou o jogo em favor da Tchecoslováquia?
A) 4 a 1
B) 5 a 1
C) 5 a 2
D) 6 a 1

6. Qual país se recusou a enfrentar Israel nas eliminatórias e ficou de fora do Mundial?
A) Chile
B) Bolívia
C) Colômbia
D) Uruguai

7. Quem era o presidente da FIFA durante a Copa de 58?
A) Jules Rimet
B) Stanley Rous
C) Arthur Drewry
D) João Havelange

8. Qual o nome do jogador galês que podia atuar tanto como zagueiro quanto como centroavante?
A) Stuart Williams
B) John Charles
C) Cliff Jones
D) Derek Sullivan

9. Qual seleção representou as Américas Central e do Norte na Copa de 58?
A) Canadá
B) El Salvador
C) Estados Unidos
D) México

10. Qual foi a única seleção que fez dois gols de pênalti nesta edição da Copa?
A) Argentina
B) Inglaterra
C) Suécia
D) Tchecoslováquia

11. Qual seleção não superou as eliminatórias, mas, mesmo assim, foi à Copa de 58?
A) Argentina
B) Escócia
C) Irlanda do Norte
D) País de Gales

COLOQUE ESTA PÁGINA CONTRA A LUZ PARA VER AS RESPOSTAS

BRASIL, CAMPEÃO do MUNDO!

O GLOBO
★ EDIÇÃO ESPORTIVA ★
RIO DE JANEIRO, SEGUNDA-FEIRA, 30 DE JUNHO DE 1958

O arqueiro Karl Svensson, da seleção da Suécia, fora de ação, enquanto o Brasil marca o seu quarto "goal". Zagalo, autor do tento, não aparece na foto, mas nela encontramos, embora de costas, o meia-esquerda Pelé
(Radiofoto AP – Exclusiva para O GLOBO)

Pela Primeira Vez Sul-Americanos Ganham a "Jules Rimet" na Europa

Radiofotos da Vitória Final

NESTA EDIÇÃO

Classificada a França em Terceiro Lugar

★ ★

Panorama Histórico Dos Jogos Decisivos do Campeonato Mundial

COMO O BRASIL FOI CAMPEÃO

O GRANDE FEITO

IMAGINE QUE VOCÊ ASSISTE A UM FILME e, na história, o time que vence o campeonato mais importante do mundo é liderado por um meninote sem idade para tarefas de adulto e por um sujeito com pernas tão tortas que poderia ser dispensado de qualquer atividade física... É claro que você sai do cinema reclamando desses roteiristas que exageram nas mentiras.

A Copa de 58 é nossa conquista mais rica em histórias incríveis. E não sei qual é a melhor...

Talvez a dos soviéticos, que zombaram daquelas pernas tortas e foram humilhados por elas. Ou a do psicólogo que recomendou não escalar Garrincha e Pelé juntos, porque os exames psicotécnicos deles eram muito ruins.

Dá para acreditar que foi preciso comprar camisas azuis às vésperas da final e bordar escudos e números? O Brasil não tinha uniforme reserva!

E a numeração? A CBD não mandou a lista a tempo. Por isso, a FIFA distribuiu os números aleatoriamente. E não é que a camisa 10 foi parar exatamente no Rei do futebol? Que era reserva, antes da Copa...

No fim, título ganho, ainda se ouve o mais inocente dizer: ¨Campeonatinho mixuruca esse. Não teve nem segunda fase.”

O que é verdade absoluta nisso tudo? O que é exagero? O que é lorota pura?... E isso importa, por acaso?

O fundamental é que, em 1958, o país do futebol levava seu primeiro caneco e iniciava a conquista do mundo.

E a informação mais difícil de acreditar é também a que traz a mais deliciosa comprovação. A Copa foi vencida, realmente, por um time de craques, com destaque para um garoto de 17 anos e um artista improvável. Aquele filme era real. Os dois maiores jogadores da história estavam em campo. Juntos, jamais perderam um jogo.

Por isso, se você me perguntar qual é o melhor time de todos os tempos, eu respondo: a Seleção de 1958.

Tadeu Schmidt

AO LADO O GLOBO EM 30/06/1958

Gilmar, Djalma Santos, Bellini, Orlando e Nilton Santos; Zito e Didi; Garrincha, Pelé, Vavá e Zagallo

E AINDA **Castilho, Mauro, Zózimo, De Sordi, Oreco, Dino Sani, Moacir, Dida, Joel, Mazzola e Pepe** TÉCNICO **Vicente Feola**

6 JOGOS, 5 VITÓRIAS, I EMPATE, I6 GOLS A FAVOR, 4 GOLS CONTRA • Iª FASE **3X0 ÁUSTRIA** MAZZOLA(2) E NILTON SANTOS • **0X0 INGLATERRA** • **2X0 UNIÃO SOVIÉTICA** VAVÁ(2) • QUARTAS **IX0 PAÍS DE GALES** PELÉ • SEMIFINAL **5X2 FRANÇA** PELÉ(3), DIDI E VAVÁ • FINAL **5X2 SUÉCIA** VAVÁ(2), PELÉ(2) E ZAGALLO

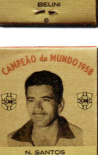

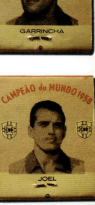

NO PÓDIO DOS CAMPEÕES DO FUTEBOL, sempre chove. E de baixo para cima. Assim que o capitão ergue o troféu, canhões espalham no ar um espetáculo de papel picado e brilhoso. Uma chuva épica, disparada simultaneamente ao movimento dos braços do capitão.

Na era pré-pirotécnica do futebol, em 1958, oh! Surpresa! O capitão Bellini surpreendia ao receber e levantar a Taça Jules Rimet. Nada além de uma gentileza com os fotógrafos, para facilitar a visão de todos. Gesto consagrado e repetido até hoje, da Copa do Mundo aos mais remotos campeonatos de várzea ou de futebol de botão.

Em 1962, nosso capitão, Mauro, jogava um futebol tão bonito que era chamado de Marta Rocha, a mais famosa Miss Brasil de todos os tempos. No pódio do bicampeonato, a vitoriosa elegância do futebol brasileiro.

Duas Copas depois, já mais íntimo da Taça Jules Rimet, o futebol brasileiro inaugurou outro gesto eternizado: o beijo. Os lábios de Carlos Alberto Torres estalaram no corpinho loiro da taça.

DUNGA ★★★★ 1994   CAFU ★★★★★ 2002

     Nas mãos de Dunga, em 1994, ela foi instrumento do desabafo. O mais Schwarzenegger de nossos capitães informava ao mundo que a Seleção, fracassada em 1990, dava a volta por cima.

     Depois, em 2002, veio a Taça FIFA da Regina. Cafu escalou o andar mais alto do futebol para oferecer à sua mulher aquele momento. Um emocionante "Eu te amo", já sob a moderna chuva de papéis picados.

     O inovador, o elegante, o beijoqueiro, o guerreiro e o romântico.

     Bellini, Mauro, Carlos Alberto, Dunga e Cafu.

     O sagrado encontro da taça com o capitão: escrito cinco vezes pelo futebol brasileiro de maneiras tão diversas e maravilhosamente inesquecíveis.

Tino Marcos

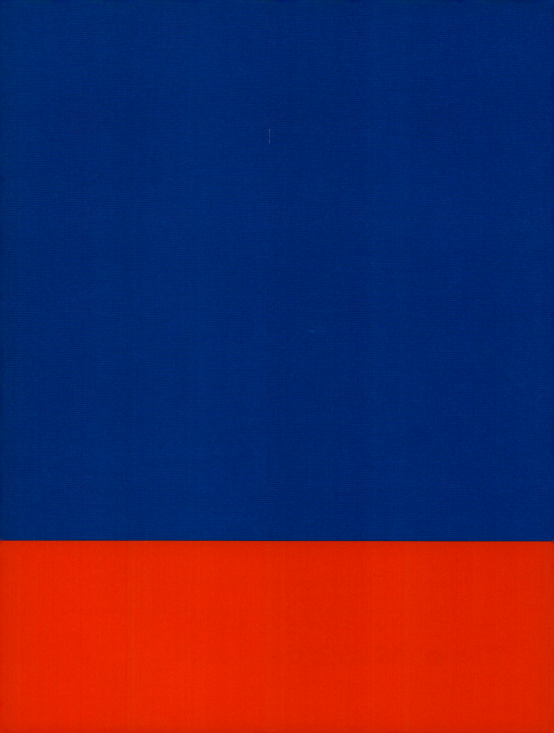

Chile

62

30/05 a 17/06/1962

1º Brasil ★★
2º Tchecoslováquia
3º Chile
4º Iugoslávia

Artilheiros

5 gols Jerkovic (Iugoslávia)

4 Garrincha e Vavá (Brasil),
Albert (Hungria),
Ivanov (União Soviética)
e Sánchez (Chile)

Final
Brasil **3 x 1** Tchecoslováquia

49 inscritos nas eliminatórias

16 países participantes

Alemanha Ocidental, Argentina, Brasil, Bulgária, Chile, Colômbia, Espanha, Hungria, Inglaterra, Itália, Iugoslávia, México, Suíça, Tchecoslováquia, União Soviética e Uruguai

2 países estreantes em Copas

Bulgária e Colômbia

4 cidades-sede e seus estádios

Santiago (Nacional), Arica (Carlos Dittborn), Viña Del Mar (Sausalito) e Rancagua (Braden Cooper)

899.074 espectadores
32 partidas
89 gols **2,78** gols em média

Quiz:

1. Qual era o supersticioso dirigente brasileiro considerado de suma importância para a conquista do bicampeonato?
A) João Havelange
B) Aymoré Moreira
C) Paulo Machado de Carvalho
D) Victor Elizeu

2. Contra quem Vacláv Masek, da Tchecoslováquia, marcou o segundo gol mais rápido da história das Copas, aos 15 segundos?
A) Brasil
B) México
C) Iugoslávia
D) Espanha

3. Por qual seleção jogaram o húngaro Puskas e o uruguaio Santamaria?
A) Itália
B) Alemanha
C) Argentina
D) Espanha

4. Por qual clube estrangeiro jogava Orlando, campeão em 1958, mas descartado em 1962?
A) Boca Juniors
B) Real Madrid
C) Napoli
D) Fiorentina

5. A Copa de 62 foi assistida em videoteipe, no Brasil. Quando os telespectadores tinham acesso a essa transmissão?
A) No dia seguinte à partida
B) Uma semana depois
C) Três dias depois
D) No mês seguinte

6. Quanto custava o ingresso mais caro para a final da Copa do Mundo?
A) US$ 10
B) US$ 5
C) US$ 22,50
D) US$ 17

7. Quem conseguiu parar o cão que driblou Garrincha, na partida entre Brasil e Inglaterra?
A) O árbitro da partida
B) Amarildo
C) Greaves, da Inglaterra
D) Ninguém

8. Qual jogador campeão mundial em 1958 defendeu a Itália em 1962?
A) Bruno Mora
B) José Altafini
C) Sandro Salvadore
D) Angelo Sormani

9. Qual craque defendeu, perante a FIFA, o uso de substâncias estimulantes nas partidas?
A) Pelé
B) Garrincha
C) Puskas
D) Di Stéfano

10. A Suécia, vice-campeã em 1958, foi eliminada em que fase na Copa seguinte?
A) Primeira fase
B) Quartas de final
C) Semifinal
D) Não participou

11. Qual foi o grande desfalque da seleção espanhola?
A) Gento
B) Santamaría
C) Bueno
D) Di Stéfano

COLOQUE ESTA PÁGINA CONTRA A LUZ PARA VER AS RESPOSTAS

Acima Das Paixões e Das Pressões

VOLTAMOS ao assunto de nosso artigo de sábado, porque os dirigentes sindicais que pretendem tutelar o Congresso e a Nação ativam-se na preparação da greve geral destinada a forçar a Câmara dos Deputados a referendar uma indicação prefixada para o cargo de Primeiro-Ministro.

FALA-SE no direito que tem o Presidente da República de enviar à Câmara um nome de sua preferência, mas oculta-se o direito paralelo que tem a Câmara de aceitar ou não êsse nome.

OS que assim tentam confundir a opinião pública, omitindo um dado tão importante, são os mesmos que excitam os trabalhadores, levando os órgãos sindicais a deixarem suas atividades próprias para exercerem uma ação política completamente contrária ao espírito do regime.

QUEREMOS advertir, a quantos procuram efetuar pressões inconstitucionais sôbre os congressistas e os partidos, que estão brincando com fogo. Desrespeitando a ordem constitucional, estão pondo em risco o regime democrático, pois é a intangibilidade da Constituição que o assegura e mantém.

DESDE o momento em que as normas da Carta Magna se tornam letra morta para alguns, que começam a agir como se elas não existissem, muitos outros se julgarão autorizados a fazer o mesmo e em consequência correrá perigo a legalidade de tudo que desejamos preservar.

O SR. João Goulart, que foi tão prudente, conciliador e desprendido por ocasião da crise de agôsto de 1961, não deve agora proceder diferentemente. S. Ex.ª tem que ser o principal defensor da normalidade constitucional, não só porque é êste o seu dever, mas porque seria o primeiro a perder se ela fôsse sacrificada.

ISTO lhe impõe a obrigação de não apontar o Primeiro-Ministro para pacificar o País, harmonizando as diversas correntes políticas. Vamos falar claro. Parece que o Chefe do Estado tem, realmente, a intenção de sugerir o nome do Sr. San Tiago Dantas. Agora já não se trata de considerar se o atual Chanceler tem ou não capacidade para chefiar o Govêrno, se é ou não é um homem muito inteligente, se sua política exterior é boa ou má para o Brasil. O fato é que as circunstâncias fizeram do Sr. San Tiago Dantas um elemento polêmico, de perturbação e divisão da vida nacional, o que contra-indica para o cargo que lhe reservaria o Presidente da República.

PROCURE o Sr. João Goulart, como é da essência do regime conciliar-se com as diversas bancadas, de modo a que sua mensagem receba a aprovação da maioria absoluta da Câmara. Não será difícil — desde que afastada a teimosa preliminar de que o futuro "premier" tem que ser, de qualquer maneira, o atual Ministro das Relações Exteriores — encontrar um nome que reúna a concordância geral.

QUANTO ao programa de govêrno a ser também submetido à consideração legislativa, forçosamente será elaborado pelos principais dirigentes partidários e líderes de bancadas. A êles, portanto, caberá providenciar para que o futuro Conselho de Ministros esteja ligado a um plano administrativo e reformista capaz de atender às reivindicações populares e às condições do momento.

QUALQUER que seja o Primeiro-Ministro, escolhido dentro do respeito às normas democráticas, êsse plano será desenvolvido e mais facilmente se cumprirá se a formação do Gabinete não produzir incompatibilidades insanáveis no seio do Congresso e se o substituto do Sr. Tancredo Neves obtiver expressivo apoio parlamentar.

CONSTA que os setores mais inconformados com o parlamentarismo desejam utilizar a indefensável greve geral que os sindicatos pretendem deflagrar, e o que em função dela sobrevir, para impor o retôrno ao presidencialismo. Somos de opinião que o sistema parlamentar — como foi instituído no Brasil — não tem condições para funcionar adequadamente e se faz agravar os problemas nacionais. Mas para modificar outra vez o sistema de govêrno só existe um caminho pacífico: o do plebiscito.

PARLAMENTARISMO se identifica hoje com a legalidade e a Constituição. Tentar derrubá-lo pela violência será desencadear fôrças que podem pôr em perigo a própria democracia. Pensem bem nisto os presidencialistas...

MAURO E A TAÇA — Desta vez coube a Mauro empunhar a "Taça Jules Rimet" logo após a conquista do Campeonato Mundial de Futebol. O que Bellini fizera na Suécia, Mauro fêz no Chile. É acima aparece o grande momento para o futebol brasileiro. Enquanto o capitão do selecionado brasileiro levanta a Taça do Mundo, as duas equipes formadas, dirigentes da FIFA e de entidades presentes ao campeonato, e o grande e amigo público chileno aplaudem entusiásticamente o feito de nossos patrícios.

EDIÇÃO FINAL
ANO XXXVII — Rio de Janeiro, 2.ª feira, 18 de junho de 1962 — N.º 11 080

O GLOBO
FUNDAÇÃO DE IRINEU MARINHO

Diretor-Redator-Chefe: ROBERTO MARINHO — Diretor-Tesoureiro: HERBERT MOSES
Diretor-Secretário: RICARDO MARINHO — Diretor-Substituto: ROGERIO MARINHO

O "Goal" de Zito

Delira Todo o País Com o Bicampeonat[o]

A Grande Vitória do Selecionado Brasileiro Sôb[re a] Equipe da Tcheco-Eslováquia Recebida Com Entus[iasmo] Indescritível **(Reportagens e Telegramas Na[s] 16.ª, 28.ª, 29.ª e 30.ª Páginas)**

ASSIM CHOROU ZAGA[LO]

Eram transcorridos vinte e quatro minutos da fase final: Brasil e Tcheco-Eslováquia empatados por 1x1, lutando àrduamente pelo desempate. Foi quando Amarildo (assinalado, na foto) passou por dois adversários e levantou a pelota para Zito. Este, que já chutara em "goal" várias vêzes, atirou de cabeça, para marcar nosso segundo tento.

A bola foi ao fundo das redes, para desespêro de Schroif, que é visto na fotografia acima, onde aparecem também outros defensores tchecos (inclusive um, caído) e o autor do [goal]

Quando terminou o jôgo com a Tcheco-Eslováquia, milhões de brasileiros choraram de dentro e fora do campo, no Chile, no Brasil, em tôda parte. Essa emoção não poderia bem refletida na fotografia acima. Zagalo, um dos melhores jogadores de se[lecionado] cionado, e dos que mais se esforçaram na conquista do bicampeonato, chora como um [menino]

O BRASIL VIVIA MOMENTOS DE TURBULÊNCIA na vida política. Com a renúncia de Jânio Quadros, João Goulart ocupava a Presidência da República.

Anselmo Duarte fazia história no cinema com *O pagador de promessas*, vencedor em Cannes e indicado ao Oscar de melhor filme estrangeiro.

O mundo respirava aliviado com tempos de paz, 17 anos após o fim da Segunda Guerra.

Mesmo depois da conquista de 1958, a Seleção foi para o Chile sob desconfiança. Motivo: o time estaria velho. Mas como questionar Gilmar, Djalma Santos, Mauro, Zózimo, Nilton Santos, Zito, Didi, Garrincha, Vavá, Amarildo, Zagallo? Os nossos "velhinhos" eram geniais. E ainda havia um certo Rei na flor dos seus 21 anos.

Zagallo e Pelé garantiram a vitória na estreia sobre o México. No segundo jogo, Pelé saiu machucado e só fez aumentar a dúvida: 0 a 0 com os tchecoslovacos. Era preciso vencer a Espanha. E Amarildo, substituto do Rei, brilhou com dois gols. Ainda houve a "malandragem" de Nilton Santos, que deu um passo para fora da área depois de fazer pênalti. O Brasil havia se reencontrado sem Pelé.

Dois gols sobre a Inglaterra, mais dois na semifinal em cima do Chile. Era hora de Garrincha. Na partida contra os sul-americanos, Mané foi até expulso, mas, absolvido, comandou a vitória na final contra a Tchecoslováquia. O "anjo das pernas tortas" se desdobrou: gol de fora da área, gol de cabeça, dribles que a razão não explica. Foi a consagração do mais lúdico jogador de futebol de todos os tempos. Os "velhinhos" tornaram o Brasil bicampeão mundial. E se em 1958 Bellini inventou o gesto, no Chile o capitão Mauro o eternizou, levantando a Copa para o mundo inteiro ver.

Luis Roberto

◄ **AO LADO** **O GLOBO** EM 18/06/1962

Gilmar, Djalma Santos, Mauro, Zózimo e Nilton Santos; Zito e Didi; Garrincha, Amarildo, Vavá e Zagallo

E AINDA **Castilho, Bellini, Jurandir, Altair, Jair Marinho, Mengálvio, Zequinha, Coutinho, Jair da Costa, Pelé e Pepe** TÉCNICO **Aymoré Moreira**

6 JOGOS, 5 VITÓRIAS, I EMPATE, I4 GOLS A FAVOR, 5 GOLS CONTRA • Iª FASE **2X0 MÉXICO** ZAGALLO E PELÉ • **0X0 TCHECOSLOVÁQUIA** • **2X1 ESPANHA** AMARILDO(2) QUARTAS **3X1 INGLATERRA** GARRINCHA(2) E VAVÁ • SEMIFINAL **4X2 CHILE** GARRINCHA(2) E VAVÁ(2) • FINAL **3X1 TCHECOSLOVÁQUIA** AMARILDO, ZITO E VAVÁ

ÁLBUNS DE FIGURINHAS, BRINDES E COLECIONÁVEIS UTILIZANDO IMAGENS DOS JOGADORES MUITAS VEZES SÃO PRODUZIDOS ANTES DA DIVULGAÇÃO DA LISTA DEFINITIVA DOS CONVOCADOS. APESAR DE ESSES ARTIGOS SEREM BASEADOS NAS ESCALAÇÕES DAS ELIMINATÓRIAS, A LISTA FINAL PARA O MUNDIAL COSTUMA TRAZER SURPRESAS DE ÚLTIMA HORA, COMO EVENTUAIS DESFALQUES POR CONTUSÃO OU ALGUM DESTAQUE REPENTINO NOS CAMPEONATOS LOCAIS. VOCÊ CONSEGUIRIA APONTAR NA PÁGINA AO LADO QUEM FICOU DE FORA DA COPA?

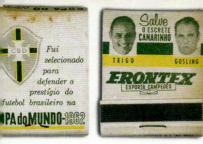

○ Watson
○ Willie
○ Wilbur

Inglaterra

66

11/07 a 30/07/1966

1º Inglaterra
2º Alemanha Oc.
3º Portugal
4º URSS

Artilheiros
9 gols Eusébio (Portugal)
6 Haller (Alemanha Ocidental)
5 Hurst (Inglaterra)

Final
Inglaterra **4 x 2** Alemanha Ocidental

51 inscritos nas eliminatórias

16 países participantes
Alemanha Ocidental, Argentina, Brasil, Bulgária, Chile, Coreia do Norte, Espanha, França, Hungria, Inglaterra, Itália, México, Portugal, Suíça, União Soviética e Uruguai

2 países estreantes em Copas
Coreia do Norte e Portugal

7 cidades-sede e seus estádios
Londres (Wembley e White City), Birmingham (Villa Park), Manchester (Old Trafford), Liverpool (Goodison Park), Sheffield (Hillsborough), Sunderland (Roker Park) e Middlesbrough (Ayresome Park)

1.635.000 espectadores
32 partidas
89 gols **2,78** gols em média

Quiz:

1. Em que famoso estádio foi disputada a final em 1966?
A) White City
B) Old Trafford
C) Roker Park
D) Wembley

2. Quem foi o primeiro jogador a alcançar, em 1966, a incrível marca de cinco Copas disputadas?
A) Bobby Charlton (Inglaterra)
B) Beckenbauer (Alemanha)
C) Antonio Carbajal (México)
D) Djalma Santos (Brasil)

3. O que o argentino Rattín fez para ser expulso na partida contra a Inglaterra?
A) Ofendeu o juiz
B) Brigou com um companheiro
C) Exigiu a presença de um intérprete para entender o juiz
D) Isolou uma garrafa de água

4. A grande surpresa da Copa foi a vitória de 1 a 0 da Coreia do Norte, jogando contra:
A) Chile
B) União Soviética
C) Itália
D) Portugal

5. De que país era o árbitro G. Dienst, que apitou a final entre Inglaterra e Alemanha?
A) Turquia
B) Suécia
C) Iugoslávia
D) Suíça

6. Qual era o nome do cachorro que achou a Taça Jules Rimet em meio a arbustos londrinos?
A) Pickles
B) Wrinkles
C) Terry
D) Woody

7. Quantos países receberam a transmissão ao vivo da Copa de 66?
A) 50
B) 20
C) 32
D) 45

8. Qual foi a partida de abertura da Copa do Mundo de 66?
A) Inglaterra x URSS
B) Portugal x URSS
C) Brasil x Inglaterra
D) Inglaterra x Uruguai

9. Quantas pessoas testemunharam, *in loco*, a final entre Inglaterra e Alemanha?
A) 98.000
B) 85.000
C) 62.500
D) 78.000

10. Quantos gols Eusébio marcou na vitória de Portugal sobre o Brasil?
A) Um
B) Nenhum
C) Dois
D) Três

11. Quantos jogos a seleção inglesa disputou em Wembley?
A) 3
B) 4
C) 5
D) 6

COLOQUE ESTA PÁGINA CONTRA A LUZ PARA VER AS RESPOSTAS

A COPA DO MUNDO DA INGLATERRA foi feita por europeus e para europeus. Com o inglês Stanley Rous como presidente da FIFA, e depois de duas conquistas seguidas do Brasil, os países sul-americanos tiveram poucas chances, e quase todos saíram do Mundial precocemente, reclamando dos árbitros e da violência permitida dentro de campo. Uruguai e Argentina ainda alcançaram as quartas de final. Já o Brasil não passou da primeira fase – vítima não só das arbitragens, mas da sua própria desorganização. Chegou a convocar 45 jogadores para os treinamentos e não conseguiu formar um time ou criar uma concepção de jogo.

Já Portugal, do craque Eusébio (artilheiro do Mundial com nove gols), e dirigido pelo brasileiro Otto Glória, foi a grande surpresa, conseguindo chegar até as semifinais. Perdeu para a Inglaterra, e terminou em terceiro lugar. Mas a zebra mesmo acabou sendo a Coreia do Norte, que conseguiu passar pela primeira fase num grupo em que a poderosa Itália foi eliminada.

As potências europeias Alemanha Ocidental e Inglaterra fizeram da final um dos jogos mais espetaculares da história das Copas – e com um dos maiores erros também: o tempo normal terminou empatado em 2 a 2, e os ingleses venceram a prorrogação por 2 a 0, conquistando o título. Entretanto, um dos gols dos donos da casa no tempo normal foi irregular e é discutido até hoje: após o chute de Hurst, a bola bateu no travessão e tocou o chão antes da linha do gol.

Os ingleses conquistaram a Copa que entrou para a história como uma das mais polêmicas de todos os tempos.

Milton Leite

AO LADO A CERIMÔNIA DE ABERTURA DA COPA DE 1966 NO ESTÁDIO DE WEMBLEY

Gilmar, Djalma Santos, Bellini, Altair e Paulo Henrique; Denílson e Lima; Garrincha, Jairzinho, Pelé e Alcindo

E AINDA **Manga, Brito, Orlando, Fidélis, Gérson, Rildo, Zito, Edu, Paraná, Silva e Tostão** TÉCNICO **Vicente Feola**

3 JOGOS, I VITÓRIA, 2 DERROTAS, 4 GOLS A FAVOR, 6 GOLS CONTRA • Iª FASE **2X0 BULGÁRIA** PELÉ E GARRINCHA • **IX3 HUNGRIA** TOSTÃO • **IX3 PORTUGAL** RILDO

ÁLBUNS DE FIGURINHAS, BRINDES E COLECIONÁVEIS UTILIZANDO IMAGENS DOS JOGADORES MUITAS VEZES SÃO PRODUZIDOS ANTES DA DIVULGAÇÃO DA LISTA DEFINITIVA DOS CONVOCADOS. APESAR DE ESSES ARTIGOS SEREM BASEADOS NAS ESCALAÇÕES DAS ELIMINATÓRIAS, A LISTA FINAL PARA O MUNDIAL COSTUMA TRAZER SURPRESAS DE ÚLTIMA HORA, COMO EVENTUAIS DESFALQUES POR CONTUSÃO OU ALGUM DESTAQUE REPENTINO NOS CAMPEONATOS LOCAIS. VOCÊ CONSEGUIRIA APONTAR NA PÁGINA AO LADO QUEM FICOU DE FORA DA COPA?

A REGRA É CLARA

Copa de 1966, na Inglaterra. Nas quartas de final, os anfitriões enfrentavam a Argentina. O árbitro escolhido foi o alemão Rudolf Kreitlein. Disciplinador em excesso — mas só contra os argentinos —, marcava faltas e mais faltas. Não parava de anotar o nome dos "hermanos" em seu caderninho. Pouco antes do fim do primeiro tempo, Antonio Rattín, capitão da seleção sul-americana, começou a se queixar das marcações do juiz. Tudo em espanhol. Kreitlein nada entendia. Até que, em certo momento, "achou" que fora ofendido. E, sem motivos, expulsou o jogador.

Aí começou a polêmica. Esperto, Rattín indicava que não entendera que havia sido expulso. O alemão casto de Kreitlein e seu inglês fraco não ajudavam na compreensão do argentino. Ken Aston, ex-árbitro inglês, que apitara no Mundial de 62, era em 1966 presidente da Comissão de Arbitragem da FIFA. Entrou em campo para convencer o argentino a sair. Enfim, um problema de comunicação criara um dos momentos mais polêmicos da história das Copas. Kreitlein e Rattín não tinham códigos ideais para um diálogo sem ruídos. Surgiu o equívoco histórico. E quase uma crise diplomática.

Foi exatamente a expulsão de Rattín que levou a FIFA a adotar os cartões amarelos e vermelhos a partir da Copa de 70. Entre os dois Mundiais, testes e experiências. No início, era confuso. Não havia critério na distribuição dos cartões (como não há até hoje). No Brasil, árbitros chegavam a dar 21 cartões por partida. Até que, após uma viagem à Argentina, eu sugeri a implantação da suspensão de um jogo para o jogador que levasse três cartões no Brasileirão de 1971.

Enfim, não fosse o imbróglio entre Rattín e Kreitlein, talvez até hoje os cartões não tivessem surgido no futebol. Mas, com certeza, sua adoção tornou a regra mais clara.

Arnaldo Cezar Coelho

OS MAIS INDISCIPLINADOS DAS COPAS

COPA DE 30 PLÁCIDO GALINDO (PERU) **1 EXPULSÃO** • **COPA DE 34** IMRE MARKOS (HUNGRIA) **1 EXPULSÃO** • **COPA DE 38** HANS PESSE (ALEMANHA), JAN RIHA (TCHECOSLOVÁQUIA), ZEZÉ PROCÓPIO E MACHADO (BRASIL) **1 EXPULSÃO** **COPA DE 50 NENHUMA EXPULSÃO** • **COPA DE 54** JOZSEF BOZSIK (HUNGRIA), HUMBERTO TOZZI E NILTON SANTOS (BRASIL) **1 EXPULSÃO** • **COPA DE 58** TITUS BUBERNIK (TCHECOSLOVÁQUIA), FERENC SIPOS (HUNGRIA) E ERICH JUSKOWIAK (ALEMANHA OCIDENTAL) **1 EXPULSÃO** • **COPA DE 62** GIORGIO FERRINI E MARIO DAVID (ITÁLIA), ÁNGEL CABRERA (URUGUAI), GARRINCHA (BRASIL), HONORINO LANDA (CHILE) E VLADIMIR POPOVIC (IUGOSLÁVIA) **1 EXPULSÃO** • **COPA DE 66** FRANZ BECKENBAUER (ALEMANHA OCIDENTAL) **2 ADVERTÊNCIAS** • HÉCTOR SILVA (URUGUAI) E ANTONIO RATTÍN (ARGENTINA) **1 ADVERTÊNCIA E 1 EXPULSÃO** • **COPA DE 70** FONTES (URUGUAI), LEE (INGLATERRA) E MÜLLER (ALEMANHA) **2 AMARELOS** • **COPA DE 74** CASZELY (TCHECOSLOVÁQUIA) E RICHARDS (AUSTRÁLIA) **1 VERMELHO E 1 AMARELO** • BABINGTON (ARGENTINA) **3 AMARELOS** • **COPA DE 78** TOROCZIK (HUNGRIA) E NYILASI (HUNGRIA) **1 VERMELHO E 1 AMARELO** • VELÁSQUEZ (PERU) **3 AMARELOS** • **COPA DE 82** GALLEGO E MARADONA (ARGENTINA) **1 VERMELHO E 1 AMARELO** • **COPA DE 86** SWEENEY (CANADÁ), WILKINS (INGLATERRA), BOSSIO (URUGUAI), ARNESEN (DINAMARCA) E AGUIRRE (MÉXICO) **1 VERMELHO E 1 AMARELO** • FENWICK (INGLATERRA) E SÁNCHEZ (MÉXICO) **3 AMARELOS** • **COPA DE 90** MASSING (CAMARÕES), KANA (CAMARÕES), MONZÓN (ARGENTINA), RIJKAARD (HOLANDA), VÖLLER (ALEMANHA) E MORAVCIK (TCHECOSLOVÁQUIA) **1 VERMELHO E 2 AMARELOS** **COPA DE 94** IANKOV (BULGÁRIA) **4 AMARELOS** • CAMINERO (ESPANHA), WOUTER (HOLANDA), ALBERTINI (ITÁLIA) E IVANOV (BULGÁRIA) **3 AMARELOS** **COPA DE 98** ORTEGA (ARGENTINA) E SONG (CAMARÕES) **1 VERMELHO E 2 AMARELOS** • CÉSAR SAMPAIO (BRASIL), SIMIC (CROÁCIA), DESCHAMPS (FRANÇA) E STANIC (CROÁCIA) **3 AMARELOS** • **COPA DE 02** OZALAN (TURQUIA) **1 VERMELHO E 2 AMARELOS** • BELOZOGLU (TURQUIA), BALLACK (ALEMANHA) E KERIMOGLU (TURQUIA) **3 AMARELOS** • **COPA DE 06** ZIDANE (FRANÇA) **1 VERMELHO E 3 AMARELOS** • GYAN (GANA) E COSTINHA (PORTUGAL) **1 VERMELHO E 2 AMARELOS**

○ Juanito
○ Miguelito
○ Sombrerito

México

70

31/05 a 21/06/1970

1º Brasil ★★★
2º Itália
3º Alemanha Oc.
4º Uruguai

Artilheiros

10 gols Gerd Müller (Alemanha)
7 Jairzinho (Brasil)
5 Teófilo Cubillas (Peru)
4 Pelé (Brasil) e
Anatoli Bishovets (URSS)

Final
Brasil **4 x 1** Itália

68 inscritos nas eliminatórias

16 países participantes
Alemanha Ocidental, Bélgica, Brasil, Bulgária, El Salvador, Inglaterra, Israel, Itália, Marrocos, México, Peru, Romênia, Suécia, Tchecoslováquia, União Soviética e Uruguai

3 países estreantes em Copas
El Salvador, Israel e Marrocos

5 cidades-sede e seus estádios
Cidade do México (Azteca), Toluca (Luis Dosal), León (Guanajuato), Guadalajara (Jalisco) e Puebla (Cuauthémoc)

1.603.975 espectadores
32 partidas
95 gols **2,97** gols em média
33 cartões amarelos

Quiz:

1. Quantas substituições cada seleção poderia fazer por partida?
A) 1
B) 2
C) 3
D) 4

2. Qual foi o jogador a marcar três gols em uma única partida desta Copa?
A) Jairzinho (Brasil)
B) Gerd Müller (Alemanha Ocidental)
C) Bishovets (União Soviética)
D) Cubillas (Peru)

3. Quem foi o primeiro jogador a ser substituído na história das Copas?
A) Domenghini (Itália)
B) Viktor Serebryanikov (URSS)
C) Bobby Moore (Inglaterra)
D) Schnellinger (Alemanha)

4. A Copa de 70 marcou a estreia da bola com:
A) 16 gomos
B) 20 gomos
C) 24 gomos
D) 32 gomos

5. Como era conhecido o estilo de jogo usado pela Itália na Copa de 70?
A) Calciatto
B) Escattero
C) Catenaccio
D) Tutto Calcio

6. Qual foi o time brasileiro que mais cedeu jogadores para o tricampeonato?
A) Santos
B) Botafogo
C) Flamengo
D) Palmeiras

7. O que Gordon Banks ingeriu para ficar fora do duelo contra a Alemanha, nas quartas de final?
A) Bebidas alcoólicas
B) Comida apimentada
C) Água infectada
D) Sanduíche estragado

8. Como ficou conhecido o duelo entre Itália e Alemanha, pela semifinal da Copa de 70?
A) Duelo de titãs
B) Jogo do século
C) Choque de gigantes
D) Levante europeu

9. Quem marcou o último gol da competição?
A) Pelé
B) Jairzinho
C) Carlos Alberto Torres
D) Boninsegna

10. Qual o primeiro reserva a marcar um gol em Copas do Mundo?
A) Juan Basaguren (México)
B) Ove Grahn (Suécia)
C) Victor Esparrago (Uruguai)
D) Gianni Rivera (Itália)

11. Qual jogador da Inglaterra foi preso pouco antes da Copa, sob acusação de roubo?
A) Gordon Banks
B) Bobby Charlton
C) Bobby Moore
D) Terry Cooper

Juanito!

COLOQUE ESTA PÁGINA CONTRA A LUZ PARA VER AS RESPOSTAS

AOS 8 ANOS, eu era um garoto que gostava mesmo de música. Ainda gosto, muito. Mas, naqueles dias de junho, o futebol passou a dividir, às vezes até a ganhar, as atenções. Copa do México, a primeira transmitida ao vivo. Na TV, Geraldo José de Almeida soltava a voz e marcava época. "Ponta de bota... que bola, bola... olha lá, olha lá, olha lá, no placarrrr... Gol do Brasil!" Criança, não tinha nenhuma visão crítica do jogo. Bastava a sensação de festa, o nervosismo e a ansiedade de torcedores já profissionais. Foi espetacular.

No primeiro jogo, contra a Tchecoslováquia, tensão e uma imagem estranha. Petras faz 1 a 0 e comemora com um esquisito sinal da cruz... O Brasil empata, vira, goleia. Vi a primeira patada atômica de Rivellino, o furacão Jairzinho, os lançamentos de Gérson. E virei novo súdito do Rei Pelé. No segundo gol, ele não matou a bola no peito. Ela colou em seu corpo. Teve o charme da mudança de pé e o golaço.

Depois, a Inglaterra. Aquele time de uniforme branco era campeão do mundo e tinha dois dos maiores jogadores da história: os Bobby's Moore e Charlton. Jogo duro, até que Tostão passa a bola entre as pernas de Moore, Pelé amacia, Jair marca.

Na semifinal contra o Uruguai, eu não tinha a menor ideia do que havia sido o *Maracanazo*. Descobri. Inclusive o medo que o futebol dá, ao ver o gol de Cubilla. O de Clodoaldo alivia. 3 a 1, sem fantasmas.

No dia da final, contra a Itália, uma histórica goleada de 4 a 1. Jogo perfeito da Seleção, coroado com a série de dribles de Clodoaldo, a arrancada de Jairzinho, o passe sem olhar de Pelé, o gol de Carlos Alberto... Que time! Tricampeão...

Com a idade e os VTs, a certeza de que a Seleção de 1970 está entre as grandes – se não for a maior de todos os tempos. Na lembrança, aquela beleza que não sabia explicar. E que fez o garoto passar a viver no mundo da bola.

Cleber Machado

AO LADO PELÉ NA PARTIDA FINAL CONTRA A ITÁLIA

Félix, Carlos Alberto, Brito, Piazza e Everaldo; Clodoaldo e Gérson; Jairzinho, Tostão, Pelé e Rivellino

E AINDA **Ado, Leão, Baldocchi, Fontana, Joel Camargo, Zé Maria, Marco Antônio, Paulo César Lima, Dario, Edu e Roberto Miranda**
TÉCNICO **Zagallo**

6 JOGOS, 6 VITÓRIAS, 19 GOLS A FAVOR, 7 GOLS CONTRA • 1ª FASE **4X1 TCHECOSLOVÁQUIA** RIVELLINO, PELÉ E JAIRZINHO(2) • **1X0 INGLATERRA** JAIRZINHO • **3X2 ROMÊNIA** PELÉ(2) E JAIRZINHO • QUARTAS **4X2 PERU** RIVELLINO, TOSTÃO(2) E JAIRZINHO • SEMIFINAL **3X1 URUGUAI** CLODOALDO, JAIRZINHO E RIVELLINO • FINAL **4X1 ITÁLIA** PELÉ, GÉRSON, JAIRZINHO E CARLOS ALBERTO

ÁLBUNS DE FIGURINHAS, BRINDES E COLECIONÁVEIS UTILIZANDO IMAGENS DOS JOGADORES MUITAS VEZES SÃO PRODUZIDOS ANTES DA DIVULGAÇÃO DA LISTA DEFINITIVA DOS CONVOCADOS. APESAR DE ESSES ARTIGOS SEREM BASEADOS NAS ESCALAÇÕES DAS ELIMINATÓRIAS, A LISTA FINAL PARA O MUNDIAL COSTUMA TRAZER SURPRESAS DE ÚLTIMA HORA, COMO EVENTUAIS DESFALQUES POR CONTUSÃO OU ALGUM DESTAQUE REPENTINO NOS CAMPEONATOS LOCAIS. VOCÊ CONSEGUIRIA APONTAR NA PÁGINA AO LADO QUEM FICOU DE FORA DA COPA?

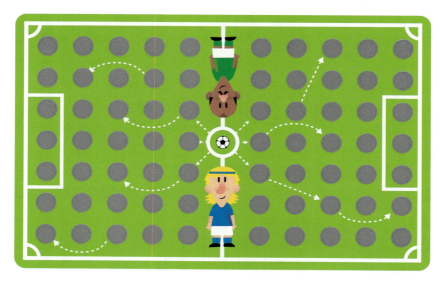

RASPA GOL! TIRE CARA OU COROA E ESCOLHA CAMPO OU BOLA. A PRIMEIRA JOGADA DE CADA UM COMEÇA SEMPRE NO CÍRCULO CENTRAL. RASPE OS CÍRCULOS PRATEADOS EM DIREÇÃO AO GOL ADVERSÁRIO. SE SAIR BOLA, CONTINUE JOGANDO. CASO CONTRÁRIO, É A VEZ DO ADVERSÁRIO. RASPE SEMPRE O CÍRCULO VIZINHO (FRENTE, LADOS OU DIAGONAL) À ÚLTIMA BOLA ENCONTRADA. SE VOCÊ CAIR NAS CASAS COM SETINHAS, PODERÁ TENTAR UM PASSE EM PROFUNDIDADE, AVANÇANDO MAIS RÁPIDO. SE O GOLEIRO DEFENDER, VOCÊ PODERÁ TENTAR O REBOTE QUANDO FOR NOVAMENTE A SUA VEZ DE JOGAR. **QUEM CHEGA NO GOL PRIMEIRO?**

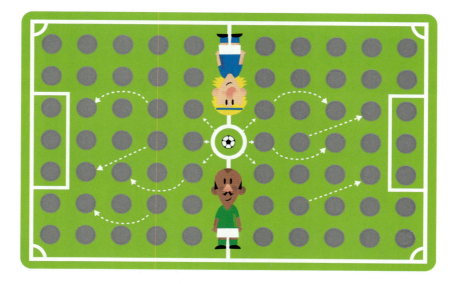

Cadê a bola?

TOSTÃO ENCARA
A MARCAÇÃO
DE BOBBY MOORE
NA VITÓRIA DO BRASIL
SOBRE A INGLATERRA

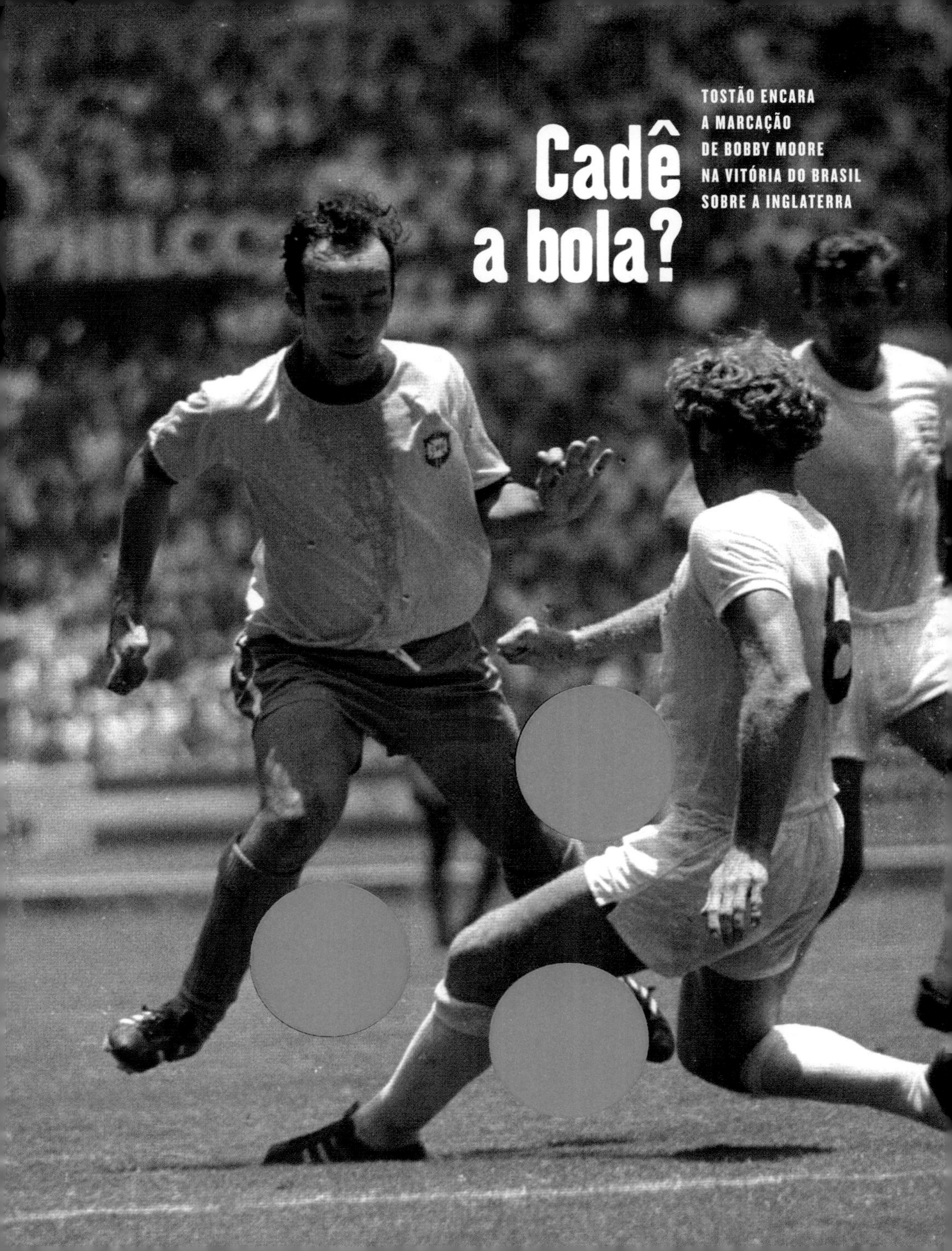

Gordon Banks, goleiraço da Inglaterra na Copa de 70, ficou com a honra por causa daquela impressionante defesa após uma cabeçada violenta (e para o chão) de Pelé. **De forma inexplicável, o goleiro deu um tapa na bola e a espalmou por cima do gol. Para muitos, a maior defesa de todos os tempos.** Também foram citadas a defesa de Taffarel no pênalti cobrado por Massaro, em 1994, a de Gilmar no jogo contra a Espanha, em 1962, e a de Zoff, ao segurar a cabeçada de Oscar, no fim daquele traumático Brasil 2 x 3 Itália, em 1982.

PELÉ

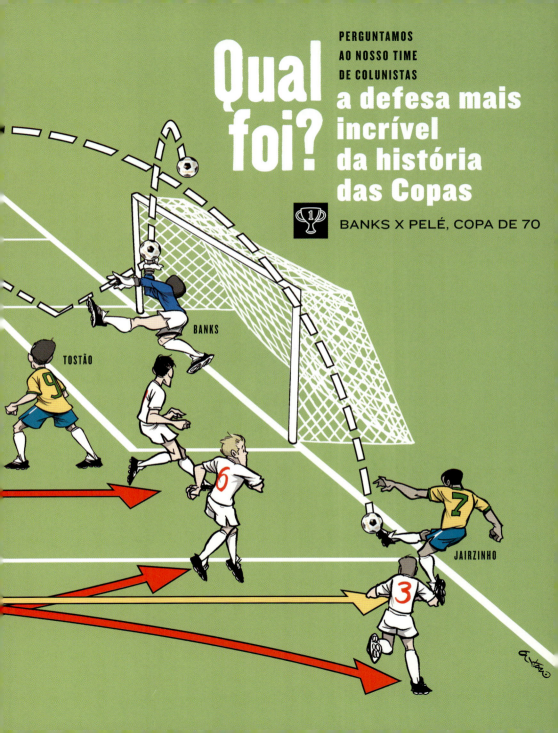

○ Shultz e Rutger
○ Tip e Tap
○ Helmut e Günter

Alemanha

74

WM 74

13/06 a 07/07/1974

1º Alemanha Oc.
2º Holanda
3º Polônia
4º Brasil

Artilheiros

7 gols Lato (Polônia)

5 Neeskens e Szarmach (Holanda)

Final
Alemanha Ocidental **2 x 1** Holanda

90 inscritos nas eliminatórias

16 países participantes
Alemanha Ocidental, Alemanha Oriental, Argentina, Austrália, Brasil, Bulgária, Chile, Escócia, Haiti, Holanda, Itália, Iugoslávia, Polônia, Suécia, Uruguai e Zaire

4 países estreantes em Copas
Alemanha Oriental, Austrália, Haiti e Zaire

9 cidades-sede e seus estádios
Munique (Olímpico), Stuttgart (Neckarstadion), Frankfurt (Waldstadion), Gelsenkirchen (Parkstadion), Dortmund (Westfalenstadion), Hannover (Niedersachsenstadion), Dusseldorf (Rheinstadion), Berlim (Olímpico) e Hamburgo (Volksparkstadion)

1.768.152 espectadores

38 partidas

97 gols **2,55** gols em média

85 cartões amarelos

5 cartões vermelhos

Quiz:

1. Em qual clube atuava Johan Cruyff?
A) Real Madrid
B) Ajax
C) Barcelona
D) Milan

2. Quem foram os três capitães da seleção brasileira durante a competição?
A) Leão, Rivellino e Carpegiani
B) Piazza, Marinho Peres e Luís Pereira
C) Andrade, Leão e Paulo César
D) Luís Pereira, Paulo César e Carpegiani

3. Qual seleção eliminou a Inglaterra nas eliminatórias para a Copa?
A) Suécia
B) Alemanha Oriental
C) Polônia
D) Itália

4. Dos cinco gols marcados por Neeskens (Holanda), quantos foram de pênalti?
A) 1
B) 2
C) 3
D) 4

5. Qual jogador marcou o gol que garantiu a classificação do Brasil para a segunda fase?
A) Valdomiro
B) Rivellino
C) Jairzinho
D) Paulo César

6. Qual foi o prêmio em dinheiro dado a cada jogador da Alemanha?
A) 50 mil dólares
B) 100 mil dólares
C) 150 mil dólares
D) 200 mil dólares

7. Qual jogador recebeu o primeiro cartão vermelho da história das Copas?
A) Vogts (Alemanha Ocidental)
B) Caszely (Chile)
C) Mukombo (Zaire)
D) Richards (Austrália)

8. Por que a segurança da Copa de 74 foi reforçada, em relação a edições anteriores?
A) Ameaça de sequestro a Beckenbauer
B) Conflito entre a Alemanha Ocidental e Oriental
C) Atentado em Munique, dois anos antes, durante os Jogos Olímpicos
D) Grande presença de "barra bravas"

9. Qual foi o primeiro jogador a ser punido por doping na história dos Mundiais?
A) Daniel Passarella (Argentina)
B) Jean-Joseph (Haiti)
C) Kabasu Babo (Zaire)
D) Juan Machuca (Chile)

10. Quem marcou o primeiro gol da decisão entre Alemanha Ocidental e Holanda?
A) Neeskens (Holanda)
B) Müller (Alemanha)
C) Cruyff (Holanda)
D) Overath (Alemanha)

11. Qual seleção, eliminada na fase de grupos, saiu invicta da competição?
A) Chile
B) Itália
C) Bulgária
D) Escócia

COLOQUE ESTA PÁGINA CONTRA A LUZ PARA VER AS RESPOSTAS

QUANDO PENSAMOS NA COPA DE 74, alguns fatos nos chamam a atenção. Foi a primeira edição do torneio em que as seleções jogaram com números nos calções; único encontro em Mundiais entre as duas Alemanhas (vencido pela Alemanha Oriental por 1 a 0, ainda na fase de grupos); primeira vez em que foi mostrado o cartão vermelho; primeiro caso de doping registrado em Copas do Mundo... E por aí vai... Mas nada foi tão comentado quanto o Carrossel Holandês! Cruyff, Neeskens, Rep, Van Hanegem, Krol, Rensenbrink... Jogavam demais!

Dirigida por Rinus Michels, e tendo no esplêndido e elegante Johan Cruyff seu grande jogador, a Laranja Mecânica entrou para a história pela revolução tática apresentada dentro de campo. Seus jogadores não tinham posição fixa. Movimentavam-se constantemente. E, com um futebol de muita qualidade técnica e intensidade absoluta, chegou à final como favorita. Mas caiu diante da pragmática Alemanha (na época ainda Ocidental), do artilheiro Gerd Müller e do grande Franz Beckenbauer.

Mas e a seleção brasileira?

Vindo da conquista de 1970, no México, o time de Zagallo, com status de tricampeão mundial, perdeu na semifinal para a Holanda e, depois, na disputa pelo terceiro lugar, para a Polônia, do carequinha Grzegorz Lato. A base da nossa Seleção era a da Copa anterior, com Rivellino e Jairzinho, mas sem o maior de todos... Pelé.

Não era o Mundial do Brasil – essa Copa da Alemanha confirmou para todo planeta a eficiência germânica e, principalmente, nos apresentou a revolucionária e alaranjada Holanda. Valeu a pena.

Caio Ribeiro

AO LADO RIVELLINO COMEMORA O GOL DA VITÓRIA
SOBRE A ALEMANHA ORIENTAL

Leão, Zé Maria (Nelinho), Luís Pereira, Marinho Peres e Marinho Chagas; Carpegiani, Paulo César e Rivellino; Valdomiro, Jairzinho e Dirceu

E AINDA **Renato, Waldir Peres, Alfredo, Marco Antônio, Ademir da Guia, Leivinha, Piazza, César, Edu e Mirandinha** TÉCNICO **Zagallo**

7 JOGOS, 3 VITÓRIAS, 2 EMPATES, 2 DERROTAS, 6 GOLS A FAVOR, 4 GOLS CONTRA • **Iª FASE 0X0 IUGOSLÁVIA** • **0X0 ESCÓCIA** • **3X0 ZAIRE** Jairzinho, Rivellino e Valdomiro • **2ª FASE IX0 ALEMANHA ORIENTAL** Rivellino • **2XI ARGENTINA** Rivellino e Jairzinho • **0X2 HOLANDA** • 3º LUGAR **0XI POLÔNIA**

ÁLBUNS DE FIGURINHAS, BRINDES E COLECIONÁVEIS UTILIZANDO IMAGENS DOS JOGADORES MUITAS VEZES SÃO PRODUZIDOS ANTES DA DIVULGAÇÃO DA LISTA DEFINITIVA DOS CONVOCADOS. APESAR DE ESSES ARTIGOS SEREM BASEADOS NAS ESCALAÇÕES DAS ELIMINATÓRIAS, A LISTA FINAL PARA O MUNDIAL COSTUMA TRAZER SURPRESAS DE ÚLTIMA HORA, COMO EVENTUAIS DESFALQUES POR CONTUSÃO OU ALGUM DESTAQUE REPENTINO NOS CAMPEONATOS LOCAIS. VOCÊ CONSEGUIRIA APONTAR NA PÁGINA AO LADO QUEM FICOU DE FORA DA COPA?

EM 1978, EU TINHA 15 ANOS. Na memória, a maravilhosa Laranja Mecânica holandesa, que me encantou em 1974, na Alemanha. Posso dizer que a Copa de 78 foi aquela na qual eu realmente entendia tudo o que estava acontecendo e tinha também minhas opiniões sobre convocações e favoritos ao título.

Cláudio Coutinho, treinador da Seleção, era visto como um inovador. Mas mesmo assim, contrariando a opinião pública, resolveu não levar para a Copa o Falcão, considerado o melhor jogador brasileiro naquele momento. Para mim, a maior injustiça naquela convocação.

Outro equívoco de Coutinho: chamou o ótimo quarto-zagueiro Edinho, do Fluminense, para a lateral-esquerda, deixando de fora Vladimir, do Corinthians, que teve uma carreira muito regular e estava em grande fase naquela época. Vladimir pouco se machucava e era uma segurança para qualquer treinador.

Como também sempre fui atualizado e interessado em política, percebi plenamente a situação dramática da Argentina naquele momento. O país era governado por uma ditadura militar muito repressiva, chefiada pelo general Rafael Videla. Com certeza, tentaria favorecer os donos da casa e, consequentemente, fortalecer o regime.

O fato mais claro foi a estranha vitória da Argentina sobre o Peru. Os peruanos caminhavam em campo, sem contar que o goleiro Quiroga era argentino, porém naturalizado. Outra estranha coincidência é que a Argentina precisava vencer por quatro gols de diferença para ter saldo maior do que o Brasil e ir à final contra a Holanda. Adivinhem qual foi o resultado? Argentina 6 x 0 Peru.

Porém temos que reconhecer o mérito da seleção de Menotti, que contava com alguns craques capazes de desequilibrar uma partida. Como não apreciar o fantástico goleiro Fillol, o cérebro do meio de campo Ardiles e a segurança do capitão Daniel Passarella? Mas o maior destaque foi o habilidoso, técnico e guerreiro Mario Kempes. Além de conquistar a Copa, foi também o artilheiro, com seis gols, dois deles na final contra a Holanda, vencida por 3 a 1.

O Brasil venceu a Itália por 2 a 1, terminou em terceiro lugar, voltou para casa como campeão moral e registrou uma marca histórica: Emerson Leão cravou o recorde de minutos invicto durante uma única Copa. Levou um gol na estreia contra a Suécia (1 a 1), e só buscou outra bola no fundo das redes quatro partidas depois, aos 45 minutos, diante da Polônia. Somou 457 minutos sem ser vazado e bateu a marca estabelecida pelo inglês Banks em 1966 (442 minutos).

Walter Casagrande

AO LADO O CAPITÃO ARGENTINO PASSARELLA ERGUE A TAÇA FIFA

Leão, Nelinho, Oscar, Amaral e Rodrigues Neto; Cerezo, Batista e Jorge Mendonça; Gil, Roberto Dinamite e Dirceu

E AINDA **Carlos, Waldir Peres, Abel, Polozzi, Toninho, Edinho, Chicão, Zico, Rivellino, Reinaldo e Zé Sérgio** TÉCNICO **Cláudio Coutinho**

7 JOGOS, 4 VITÓRIAS, 3 EMPATES, 10 GOLS A FAVOR, 3 GOLS CONTRA • 1ª FASE **1X1 SUÉCIA** REINALDO • **0X0 ESPANHA** • **1X0 ÁUSTRIA** ROBERTO DINAMITE • 2ª FASE **3X0 PERU** DIRCEU(2) E ZICO • **0X0 ARGENTINA** • **3X1 POLÔNIA** ROBERTO DINAMITE(2) E NELINHO • 3º LUGAR **2X1 ITÁLIA** NELINHO E DIRCEU

ÁLBUNS DE FIGURINHAS, BRINDES E COLECIONÁVEIS UTILIZANDO IMAGENS DOS JOGADORES MUITAS VEZES SÃO PRODUZIDOS ANTES DA DIVULGAÇÃO DA LISTA DEFINITIVA DOS CONVOCADOS. APESAR DE ESSES ARTIGOS SEREM BASEADOS NAS ESCALAÇÕES DAS ELIMINATÓRIAS, A LISTA FINAL PARA O MUNDIAL COSTUMA TRAZER SURPRESAS DE ÚLTIMA HORA, COMO EVENTUAIS DESFALQUES POR CONTUSÃO OU ALGUM DESTAQUE REPENTINO NOS CAMPEONATOS LOCAIS. VOCÊ CONSEGUIRIA APONTAR NA PÁGINA AO LADO QUEM FICOU DE FORA DA COPA?

 LEÃO
 ZE MARIA
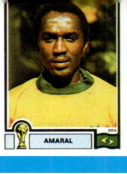 AMARAL
 LUIS PEREIRA

 NELINHO
 EDINHO
 RODRIGUES NETO
 TONINHO CEREZO

 GIL
 RIVELINO
 DIRCEU
 ZICO

 ROBERTO
 PAULO CESAR
 REINALDO
 RAUL

- Naranjito
- Galeguito
- Pelotito

Espanha

82

ESPAÑA 82
13/06 a 11/07/1982

1º **Itália**
2º **Alemanha Oc.**
3º **Polônia**
4º **França**

Artilheiros

6 gols Paolo Rossi (Itália)
5 Rummenigge (Alemanha Ocidental)
4 Zico (Brasil) e Boniek (Polônia)

Final
Itália **3x1** Alemanha Ocidental

103 inscritos nas eliminatórias
24 países participantes
Alemanha Ocidental, Argélia, Argentina, Áustria, Bélgica, Brasil, Camarões, Chile, El Salvador, Escócia, Espanha, França, Honduras, Hungria, Inglaterra, Irlanda do Norte, Itália, Iugoslávia, Kuwait, Nova Zelândia, Peru, Polônia, Tchecoslováquia e União Soviética

5 países estreantes em Copas
Argélia, Camarões, Honduras, Kuwait e Nova Zelândia

14 cidades-sede e seus estádios
Madri (Vicente Calderón e Santiago Bernabéu), Barcelona (Sarriá e Camp Nou), Sevilha (Sánchez-Pizjuán e Benito Villamarín), Alicante (José Rico Pérez), Valencia (Mestalla), Málaga (La Rosaleda), Elche (Martínez Valero), La Coruña (Riazor), Bilbao (San Mamés), Zaragoza (La Romareda), Valladolid (José Zorrilla), Vigo (Balaídos), Oviedo (Carlos Tartiere) e Gijón (El Molinón)

2.109.723 espectadores
52 partidas
146 gols **2,81** gols em média
100 cartões amarelos
5 cartões vermelhos

Quiz:

1. Qual jogador da seleção italiana esteve envolvido em um escândalo de apostas dois anos antes da Copa?
A) Paolo Rossi
B) Claudio Gentile
C) Franco Baresi
D) Marco Tardelli

2. Qual foi o placar da maior goleada da história das Copas?
A) Hungria 8 x 2 El Salvador
B) Hungria 9 x 0 El Salvador
C) Hungria 7 x 0 El Salvador
D) Hungria 10 x 1 El Salvador

3. De que país é Norman Whiteside, o jogador mais jovem da história das Copas?
A) Inglaterra
B) Escócia
C) Irlanda do Norte
D) País de Gales

4. Qual famoso pintor espanhol foi o autor do pôster da Copa de 82?
A) Miquel Barceló
B) Joan Miró
C) Salvador Dalí
D) Antonio Saura

5. O que há, hoje em dia, no lugar do estádio Sarriá, palco da histórica derrota brasileira?
A) Um shopping center
B) Um estacionamento
C) Uma igreja
D) Um supermercado

6. Quantos anos tinha Dino Zoff, o jogador mais velho em uma final de Copa do Mundo?
A) 38
B) 40
C) 37
D) 39

7. Qual foi o primeiro árbitro brasileiro a apitar uma final de Copa do Mundo?
A) José Roberto Wright
B) Arnaldo Cezar Coelho
C) Romualdo Arppi Filho
D) Renato Marsiglia

8. Maradona foi expulso por entrada maldosa em qual jogador brasileiro?
A) Batista
B) Zico
C) Serginho
D) Falcão

9. Qual troféu foi instituído em 1982 para premiar a equipe mais disciplinada?
A) Troféu da Paz
B) Troféu Fair Play
C) Troféu João Havelange
D) Troféu Lev Yashin

10. Quais eram as duas seleções estrangeiras comandadas por técnicos brasileiros?
A) Peru e El Salvador
B) Camarões e Kuwait
C) Peru e Kuwait
D) El Salvador e Camarões

11. Que equipe passou para a segunda fase com o pior aproveitamento?
A) Itália
B) Polônia
C) França
D) Brasil

COLOQUE ESTA PÁGINA CONTRA A LUZ PARA VER AS RESPOSTAS ➤

CHORAR, CHORAR CONVULSIVAMENTE, chorar como se o mundo tivesse acabado. Foi assim que terminou minha primeira Copa. Com a seleção de Zico, Sócrates e Falcão deixando o campo... e eu, sozinho, diante da telinha, cuspindo a garganta de tanto chorar. Eu tinha 10 anos.

Minhas primeiras lembranças de Copa são de 1978, mas são vagas – aos 6 anos não nos lembramos de muita coisa. A primeira Copa pra valer foi 1982 – e que Copa não era... O país se vestiu de verde e amarelo, ruas pintadas, Naranjitos no asfalto...

Lembro-me de cada jogo... Da estreia contra a União Soviética... Do monstruoso goleiro Dasaev. Do golaço de Sócrates, aos 30 minutos do segundo tempo, depois de driblar dois soviéticos. Do também golaço de Éder, aos 43.

Depois de Escócia e Nova Zelândia... veio a Argentina – o golaço de Júnior no passe de Zico, o tirambaço de falta de Éder, Fillol desesperado, Maradona expulso. Era o melhor futebol do mundo, a seleção encantadora... Até que... Bom, até que chegou Paolo Rossi.

Lembro-me de cada detalhe daquele jogo. O primeiro gol de Rossi. O empate do Brasil, num passe de Zico para Sócrates bater sem ângulo. O segundo gol de Rossi. O empate do Brasil no grito lancinante de Falcão. O terceiro e fatídico gol de Rossi. A cabeçada de Oscar que Zoff defendeu aos 43 do segundo tempo...

A Seleção que jogava o tal "futebol-arte" foi derrotada. Mitos caíram. A Itália jogou melhor – marcou melhor – e acabou campeã. A derrota plena, quase material, me trouxe ali uma primeira lição esportiva.

Gustavo Poli

AO LADO ÉDER COMEMORA O GOL DE ZICO CONTRA A ARGENTINA

Waldir Peres, Leandro, Oscar, Luisinho e Junior; Cerezo, Falcão, Sócrates e Zico; Serginho e Éder

E AINDA **Carlos, Paulo Sérgio, Juninho, Pedrinho, Edevaldo, Edinho, Batista, Dirceu, Paulo Isidoro, Renato e Roberto Dinamite** TÉCNICO **Telê Santana**

5 JOGOS, 4 VITÓRIAS, I DERROTA, I5 GOLS A FAVOR, 6 GOLS CONTRA • Iª FASE **2X1 URSS** SÓCRATES E ÉDER • **4X1 ESCÓCIA** ZICO, OSCAR, ÉDER E FALCÃO • **4X0 NOVA ZELÂNDIA** ZICO (2), FALCÃO E SERGINHO • 2ª FASE **3X1 ARGENTINA** ZICO, SERGINHO E JÚNIOR **2X3 ITÁLIA** SÓCRATES E FALCÃO

ÁLBUNS DE FIGURINHAS, BRINDES E COLECIONÁVEIS UTILIZANDO IMAGENS DOS JOGADORES MUITAS VEZES SÃO PRODUZIDOS ANTES DA DIVULGAÇÃO DA LISTA DEFINITIVA DOS CONVOCADOS. APESAR DE ESSES ARTIGOS SEREM BASEADOS NAS ESCALAÇÕES DAS ELIMINATÓRIAS, A LISTA FINAL PARA O MUNDIAL COSTUMA TRAZER SURPRESAS DE ÚLTIMA HORA, COMO EVENTUAIS DESFALQUES POR CONTUSÃO OU ALGUM DESTAQUE REPENTINO NOS CAMPEONATOS LOCAIS. VOCÊ CONSEGUIRIA APONTAR NA PÁGINA AO LADO QUEM FICOU DE FORA DA COPA?

EDEVALDO BRASIL

LUISINHO BRASIL

OSCAR BRASIL

VALDIR PERES BRASIL

EDINHO BRASIL

JUNIOR BRASIL

FALCÃO BRASIL

TONINHO CEREZO BRASIL

SOCRATES BRASIL

ZICO BRASIL

RENATO BRASIL

PAULO ISIDORO BRASIL

SERGINHO BRASIL

ROBERTO BRASIL

EDER BRASIL

ZE SERGIO BRASIL

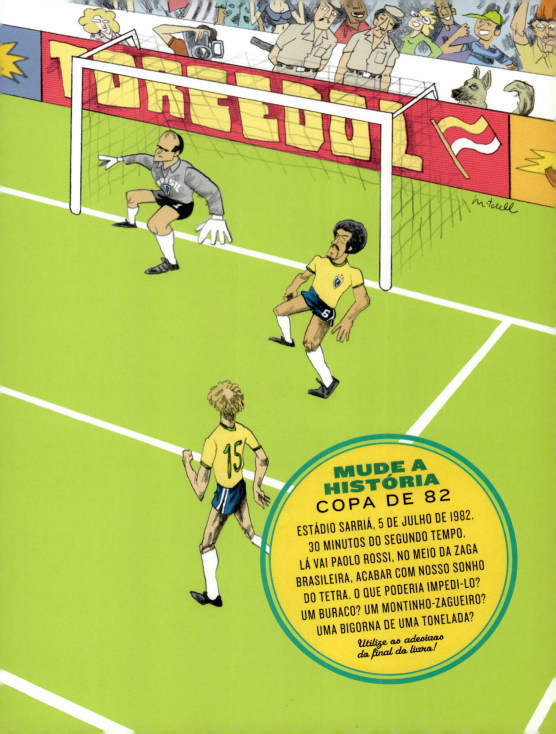

○ Paquito
○ Pique
○ Chili

México

86

31/05 a 29/06/1986

1º Argentina
2º Alemanha Oc.
3º França
4º Bélgica

Artilheiros

6 gols Lineker (Inglaterra)
5 Maradona (Argentina), Careca (Brasil) e Butragueño (Espanha)

Final
Argentina **3 x 2** Alemanha Ocidental

110 inscritos nas eliminatórias
24 países participantes

Alemanha Ocidental, Argélia, Argentina, Bélgica, Brasil, Bulgária, Canadá, Coreia do Sul, Dinamarca, Escócia, Espanha, França, Hungria, Inglaterra, Iraque, Irlanda do Norte, Itália, Marrocos, México, Paraguai, Polônia, Portugal, União Soviética e Uruguai

3 países estreantes em Copas

Canadá, Dinamarca e Iraque

9 cidades-sede e seus estádios

Cidade do México (Azteca e Olímpico), Puebla (Cuauhtémoc), Guadalajara (Jalisco e Tres de Marzo), Monterrey (Tecnológico e Universitário), Querétaro (La Corregidora), León (Guanajuato), Irapuato (Irapuato), Toluca (Nemezio Díez Riega) e Neza (Neza 86)

2.393.331 espectadores
52 partidas
132 gols   **2,54** gols em média
133 cartões amarelos
8 cartões vermelhos

Quiz:

1. Que país sul-americano seria a sede da Copa se não fosse impedido por graves problemas econômicos?
A) Brasil
B) Bolívia
C) Uruguai
D) Colômbia

2. Que jogador uruguaio recebeu cartão vermelho aos 55 segundos do jogo contra a Escócia, batendo o recorde de expulsão mais rápida da história das Copas?
A) Enzo Francescoli
B) José Batista
C) Dario Pereyra
D) Rodolfo Rodriguez

3. Quem era considerado o grande craque do futebol mundial antes da Copa, liderando sua seleção, campeã europeia e favorita ao título?
A) Rudi Völler (Alemanha Ocidental)
B) Gianluca Vialli (Itália)
C) Michel Platini (França)
D) Karl-Heinz Rummenigge (Alemanha Ocidental)

4. Qual foi o primeiro técnico a ser expulso na história das Copas?
A) Cayetano Ré (Paraguai)
B) Miguel Muñoz (Espanha)
C) Telê Santana (Brasil)
D) Bobby Robson (Inglaterra)

5. Que jogador alemão marcou Maradona na grande decisão e dificultou a vida do gênio argentino?
A) Andreas Brehme
B) Hans-Peter Briegel
C) Lothar Matthäus
D) Karlheinz Förster

6. Que goleiro foi eleito o melhor deste Mundial?
A) Schumacher (Alemanha)
B) Dasaev (União Soviética)
C) Pfaff (Bélgica)
D) Pumpido (Argentina)

7. Qual seleção encantou na primeira fase popularizando o esquema 3-5-2, também usado pela campeã Argentina?
A) Espanha
B) Dinamarca
C) França
D) Bélgica

8. Qual era a profissão do argentino Carlos Bilardo, o técnico campeão mundial em 1986, antes de se tornar treinador?
A) Médico
B) Advogado
C) Jornalista
D) Engenheiro

9. Que doença acometeu jogadores de várias seleções e obrigou as delegações a consumir apenas sua própria água durante o Mundial?
A) Dengue
B) Cólera
C) Leptospirose
D) Mal de Montezuma

10. Além de Telê Santana, quais os outros dois treinadores brasileiros que participaram da Copa comandando, respectivamente, Marrocos e Iraque?
A) Carlos Alberto Parreira e Rubens Minelli
B) José Farias e Evaristo de Macedo
C) Jair Pereira e Paulo César Carpegiani
D) Jorge Vieira e Carlos Alberto Silva

11. Que seleção fez a pior campanha do Mundial, sem somar nenhum ponto e com saldo negativo de cinco gols?
A) Canadá
B) Coreia do Sul
C) Argélia
D) Iraque

COLOQUE ESTA PÁGINA CONTRA A LUZ PARA VER AS RESPOSTAS

A COPA DO MÉXICO PARA A TURMA DE 1982 era um pouco uma revanche do que tinha acontecido quatro anos antes. Telê voltou para a Seleção e resolveu chamar alguns jogadores que haviam participado do Mundial da Espanha. Acho que trouxe também para os torcedores a esperança de rever aquele time maravilhoso. Só que estávamos quatro anos mais velhos. Alguns machucados, outros quase encerrando a carreira.

Estreia contra a Espanha, de Míchel e Butragueño. Zico e Falcão estavam no banco de reservas, ainda se recuperando de lesões. Jogo duro, a Espanha teve um gol legítimo mal anulado pelo árbitro. O chute de Míchel foi tão forte que não deu para o auxiliar ver. Como não tínhamos nada com isso, fizemos o gol da vitória, com o "Magrão" (Sócrates).

Depois da primeira fase, só nós e a Dinamáquina tínhamos 100% de aproveitamento. A maneira de jogar e o entrosamento da Seleção começavam a aparecer. E ficou demonstrado contra a Polônia, de Boniek e Smolarek: 4 a 0, com golaço de Edinho, agora capitão. Detalhe que o Josimar fez outro lindo gol, só que desta vez chutando de uma posição incrível, lá do meio da rua.

Aí veio a França, de Platini, meu arquirrival em Turim. Era um timaço. Jogava e deixava jogar. Partida muito equilibrada. Saímos na frente com uma tabela entre mim e o Muller: só rolei para o Careca definir. Uma grande jogada e um grande gol. Mas numa infelicidade nossa eles empataram, num cruzamento que bateu no Edinho e sobrou para o Platini, completamente livre.

Tivemos a grande chance do jogo com o pênalti no Branco. Fui pegar água fora de campo e o Telê me disse: "Diga para o Zico bater!" Quando me virei, vi que o Galo já estava tirando a bola da mão do Careca. Zico bateu e o Bats defendeu. Nada de gols na prorrogação. E, nos pênaltis, Sócrates e Júlio César perderam.

A tristeza não foi a mesma de 1982. Mas ver meu amigo Zico sendo responsabilizado por uma desclassificação – que foi do time todo e não só dele – era doloroso e muito injusto.

Depois da eliminação dos donos da casa e do Brasil, os mexicanos, que lotavam todos os estádios, passaram a torcer para Diego Maradona, e não para a Argentina. Por sinal, Maradona, fora a polêmica do gol com a mão contra a Inglaterra, fez uma Copa irretocável, sempre auxiliado por Valdano, Burruchaga, Pumpido e cia.

Foi uma Copa com grandes seleções e jogadores extraordinários. E, acima de todos, brilhou o futebol maravilhoso de Maradona, que, além de mostrar técnica e habilidade, fez até muita gente aplaudir gol de mão!

Junior

AO LADO A ESTREIA DO BRASIL CONTRA A ESPANHA

Carlos, Josimar, Júlio César, Edinho e Branco; Alemão, Elzo, Junior e Sócrates; Muller e Careca

E AINDA **Leão, Paulo Vitor, Mauro Galvão, Oscar, Edson, Falcão, Silas, Valdo, Zico, Casagrande e Edivaldo** TÉCNICO **Telê Santana**

5 JOGOS, 4 VITÓRIAS, I EMPATE, IO GOLS A FAVOR, I GOL CONTRA • Iª FASE **IXO ESPANHA** SÓCRATES • **IXO ARGÉLIA** CARECA • **3XO IRLANDA DO NORTE** CARECA(2) E JOSIMAR OITAVAS **4XO POLÔNIA** SÓCRATES, JOSIMAR, EDINHO E CARECA • QUARTAS **IXI FRANÇA** CARECA • PÊNALTIS **3X4 FRANÇA**

ÁLBUNS DE FIGURINHAS, BRINDES E COLECIONÁVEIS UTILIZANDO IMAGENS DOS JOGADORES MUITAS VEZES SÃO PRODUZIDOS ANTES DA DIVULGAÇÃO DA LISTA DEFINITIVA DOS CONVOCADOS. APESAR DE ESSES ARTIGOS SEREM BASEADOS NAS ESCALAÇÕES DAS ELIMINATÓRIAS, A LISTA FINAL PARA O MUNDIAL COSTUMA TRAZER SURPRESAS DE ÚLTIMA HORA, COMO EVENTUAIS DESFALQUES POR CONTUSÃO OU ALGUM DESTAQUE REPENTINO NOS CAMPEONATOS LOCAIS. VOCÊ CONSEGUIRIA APONTAR NA PÁGINA AO LADO QUEM FICOU DE FORA DA COPA?

| CARLOS | LEANDRO | EDSON | EDINHO |

  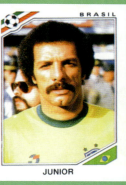 

| OSCAR | MOZER | JUNIOR | FALCÃO |

| NINHO CEREZO | SOCRATES | ZICO | RENATO |

| ASAGRANDE | CARECA | EDER | PAULO VITOR |

Cadê a bola?

SÓCRATES E PLATINI
NO DUELO PELAS
QUARTAS DE FINAL

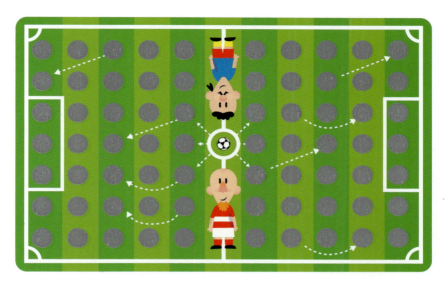

RASPA GOL! TIRE CARA OU COROA E ESCOLHA CAMPO OU BOLA. A PRIMEIRA JOGADA DE CADA UM COMEÇA SEMPRE NO CÍRCULO CENTRAL. RASPE OS CÍRCULOS PRATEADOS EM DIREÇÃO AO GOL ADVERSÁRIO. SE SAIR BOLA, CONTINUE JOGANDO. CASO CONTRÁRIO, É A VEZ DO ADVERSÁRIO. RASPE SEMPRE O CÍRCULO VIZINHO (FRENTE, LADOS OU DIAGONAL) À ÚLTIMA BOLA ENCONTRADA. SE VOCÊ CAIR NAS CASAS COM SETINHAS, PODERÁ TENTAR UM PASSE EM PROFUNDIDADE, AVANÇANDO MAIS RÁPIDO. SE O GOLEIRO DEFENDER, VOCÊ PODERÁ TENTAR O REBOTE QUANDO FOR NOVAMENTE A SUA VEZ DE JOGAR. **QUEM CHEGA NO GOL PRIMEIRO?**

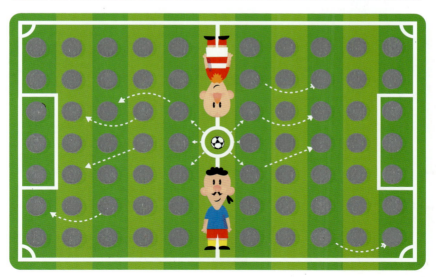

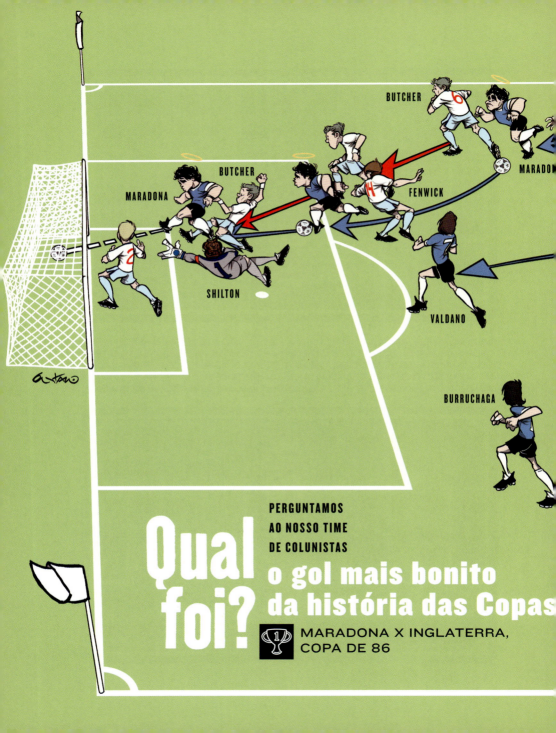

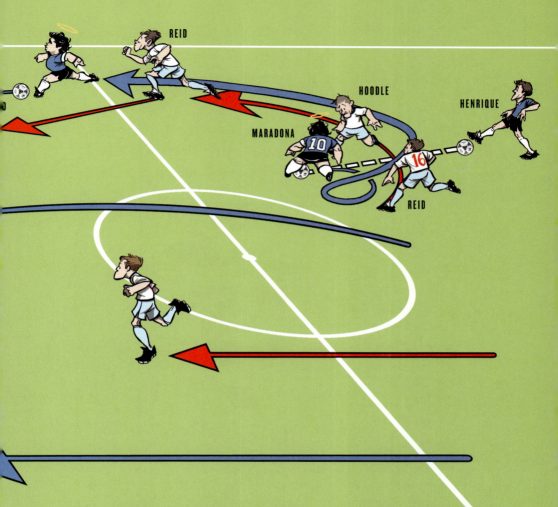

O resultado da enquete foi um tanto óbvio. A obra-prima de Diego Maradona contra a Inglaterra, na Copa de 86, foi a eleita. **Dom Diego recebeu a bola antes do meio de campo e, numa arrancada histórica, driblou cinco ingleses, inclusive o goleiro, para deixar o estádio Azteca boquiaberto.** Também foram lembrados o gol de Pelé contra a Suécia, no Mundial de 58, e o de Carlos Alberto na final contra a Itália, em 1970. Tudo golaço!

○ Calccio
○ Tricolore
○ Ciao

Itália

90

08/06 a 08/07/1990

1º Alemanha Oc.
2º Argentina
3º Itália
4º Inglaterra

Artilheiros

6 gols Schillaci (Itália)
5 Skuhravy (Tchecoslováquia)
4 Milla (Camarões), Michel (Espanha), Matthaus (Alemanha) e Lineker (Inglaterra)

Final
Alemanha Ocidental **1 x 0** Argentina

103 inscritos nas eliminatórias

24 países participantes

Alemanha Ocidental, Argentina, Áustria, Bélgica, Brasil, Camarões, Colômbia, Coreia do Sul, Costa Rica, Egito, Emirados Árabes Unidos, Escócia, Espanha, Estados Unidos, Holanda, Inglaterra, Irlanda, Itália, Iugoslávia, Romênia, Suécia, Tchecoslováquia, União Soviética e Uruguai

3 países estreantes em Copas

Costa Rica, Emirados Árabes Unidos e Irlanda

12 cidades-sede e seus estádios

Roma (Olímpico), Bari (San Nicola), Turim (Delle Alpi), Milão (San Siro), Nápoles (San Paolo), Bolonha (Renato Dall'Ara), Florença (Comunale), Gênova (Luigi Ferraris), Udine (Friuli), Cagliari (Sant'Elia), Palermo (La Favorita) e Verona (Bentegodi)

2.516.348 espectadores
52 partidas
115 gols **2,21** gols em média
162 cartões amarelos
15 cartões vermelhos

Quiz:

1. Que goleiro ficou conhecido como o "papa-pênaltis" do Mundial, ao defender quatro cobranças?
A) Walter Zenga (Itália)
B) Sergio Goycochea (Argentina)
C) Peter Shilton (Inglaterra)
D) René Higuita (Colômbia)

2. Pela primeira vez o Brasil convocou mais jogadores que atuavam no exterior do que em times nacionais. Foram chamados:
A) 12 atletas
B) 13 atletas
C) 14 atletas
D) 15 atletas

3. Que jogador inglês chorou em campo na semifinal contra a Alemanha após levar o segundo cartão amarelo, o que o deixaria de fora de uma hipotética decisão?
A) Gary Lineker
B) David Platt
C) Mark Wright
D) Paul Gascoigne

4. Que jogador recebeu o prêmio de melhor da Copa?
A) Lothar Matthäus (Alemanha)
B) Salvatore Schillaci (Itália)
C) Diego Maradona (Argentina)
D) Gary Lineker (Inglaterra)

5. Os Emirados Árabes Unidos se classificaram para a Copa tendo vencido quantas partidas nas eliminatórias?
A) 1
B) 2
C) 3
D) 4

6. Em que cidade foi disputada a semifinal entre Itália e Argentina?
A) Milão
B) Florença
C) Nápoles
D) Roma

7. Por que o México foi proibido de disputar a Copa de 90?
A) Punição por briga generalizada da torcida
B) Documentos falsos de atletas menores de 20 anos
C) Dívida com a FIFA
D) Envolvimento de atletas com apostas

8. Que seleção foi a mais indisciplinada, com 23 cartões amarelos e três vermelhos?
A) Argentina
B) Itália
C) Holanda
D) Iugoslávia

9. Que seleção era favorita pela conquista da Eurocopa dois anos antes, mas decepcionou, eliminada pela Alemanha nas oitavas de final?
A) Iugoslávia
B) Holanda
C) Espanha
D) União Soviética

10. Que partida foi interrompida pelo árbitro para que as duas seleções procurassem jogar e não administrassem o empate que interessava a ambas?
A) Argentina 1 x 1 Romênia
B) Uruguai 0 x 0 Espanha
C) Alemanha 1 x 1 Colômbia
D) Holanda 1 x 1 Irlanda

11. Qual foi o jogador mais "caçado" do Mundial, tendo sofrido 53 faltas?
A) Diego Maradona (Argentina)
B) Lothar Matthäus (Alemanha)
C) Paul Gascoigne (Inglaterra)
D) Roberto Baggio (Itália)

COLOQUE ESTA PÁGINA CONTRA A LUZ PARA VER AS RESPOSTAS

DIZEM QUE A COPA DA ITÁLIA foi a mais chata de todas. Para mim, foi a melhor. A primeira a gente nunca esquece. Minimizamos os inconvenientes e só pensamos em tudo que descobrimos naquele momento de exceção. Imagine o que era para um rapaz de Niterói, com 25 anos, fazer sua primeira viagem internacional – e justamente para um Mundial. Hoje, vinte anos e seis Copas depois, lembro-me daqueles trinta inesquecíveis dias como se fosse hoje.

E não foram mais porque a Seleção, de Sebastião Lazaroni, fracassou. Jogava feio. Insistia com três zagueiros, pouca criatividade no meio e, se Careca vivia grande fase, era um tanto constrangedor ver Bebeto e Romário sentados no banco. No estádio Delle Alpi, em Turim, vi o Brasil ganhar sem convencer seus três primeiros jogos. E, nas oitavas, quando fez sua melhor partida, esbarrou com Maradona no meio do caminho. Jogada genial, passe para Caniggia. Taffarel não fez milagre. O Brasil voltava para casa, rachado, desacreditado e sem rumo.

Foi a Copa de Roger Milla. Tivemos bons momentos de Maradona. Bizarrices de Higuita. Uma Holanda da qual se esperava muito e mais uma vez pouco se viu. E, claro, o Mundial era da Itália. Torcida apaixonada, enchia os estádios e fazia festa nas ruas, com os gols de Toto Schillaci, siciliano que virou herói naquele quente mês de junho.

Mas a Itália também esbarrou na Argentina. Terminou em terceiro. E foi obrigada a ver a final entre a forte e pragmática Alemanha, de Matthäus, contra a seleção guerreira escoltada pelo talento de dom Diego. Deu Alemanha, graças a um pênalti maroto e mal marcado. Tricampeões, após um Mundial inesquecível para os alemães e para um jovem niteroiense de 25 anos.

Lédio Carmona

AO LADO CANIGGIA COMEMORA O GOL DA VITÓRIA ARGENTINA

Taffarel, Ricardo Rocha (Mozer), Ricardo Gomes e Mauro Galvão; Jorginho, Dunga, Alemão, Valdo e Branco; Muller e Careca

E AINDA **Acácio, Zé Carlos, Aldair, Mazinho, Bismarck, Silas, Tita, Bebeto, Renato Gaúcho e Romário** TÉCNICO **Sebastião Lazaroni**

4 JOGOS, 3 VITÓRIAS, I DERROTA, 4 GOLS A FAVOR, 2 GOLS CONTRA • Iª FASE **2XI SUÉCIA** CARECA(2) • **IXO COSTA RICA** MULLER • **IXO ESCÓCIA** MULLER • OITAVAS **OXI ARGENTINA**

 TAFFAREL
 ACACIO
 MAZINHO
 MAURO GALVÃO

RICARDO GOMES
 ALDAIR
 RICARDO ROCHA
 BRANCO

 JORGINHO
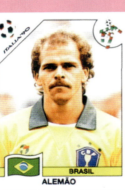 ALEMÃO
 DUNGA
 MÜLLER

UMA CAMISA, UM SHORT, UM MEIÃO... Quando as palavras estão soltas não parecem ter tanta importância. Mas quando esse "conjunto" se associa à palavra "Seleção", tudo muda de figura. Vira uniforme. E quando esse uniforme conquista estrelas, aí então vira uma identidade. Nome e sobrenome: Brasil pentacampeão mundial. Muito prazer.

A HISTÓRIA GANHA FORMA E CORES. 1950. Maracanã. Brasil e Uruguai. Final da Copa do Mundo. A Seleção toda de branco e com detalhes em azul. Isso aí: era branco.
O resultado foi o silêncio da derrota. Uruguai campeão, na nossa casa... Ah não!! Por que se lembrar disso? Uniforme branco e azul agourento e amaldiçoado.
Oito anos depois: Copa da Suécia. Brasil arrasador. Pelé, menino e atrevido. Garrincha, o alquimista dos dribles. O uniforme já era o manto amarelo, aliás, desde 1954. Final: Brasil e Suécia. As duas seleções com camisa amarela. E aí? Sorteio. E nele o Brasil perdeu. Segundo uniforme... Qual era? Não era. A delegação não tinha levado o tal segundo uniforme. Só um conjunto para o goleiro Gilmar.
A comissão técnica foi às compras em Estocolmo! Camisa azul, short branco e a primeira estrela na camisa. Acabou ali o medo do azul, que até hoje é o nosso segundo uniforme. O amarelo continuou firme e sagrado em 1962. E em 1970 e 1994, deu amarelo em cima do azul italiano. E em 2002? Amarelo de novo!

UNIFORME APERTADINHO. Os shorts já foram bem menores. Aliás, não sei como eles conseguiam jogar. Nas Copas de 82 e 86 os bermudões eram bermudinhas pequenininhas. Sucesso com as garotas! E a camisa de algodão dos anos 1950, 1960? Tecnologia zero. Camisa dois em um, conhece? Um quilo no início, dois após o jogo! Com o suor, ficava muito mais pesada. Hoje em dia, ela está nas vitrines. É peça "chic-retrô".
Com o passar dos anos, os modelos foram mudando suas formas. Ganharam nomes complicados. Em 94: *Dry-Fit*. Em 2006, a camisa foi desenvolvida para facilitar a movimentação. Na África do Sul, feita a partir de garrafas PET. Entramos na era verde. *Recycle*. Quem diria...

Glenda Kozlowski

AS CAMISAS DAS SELEÇÕES CAMPEÃS
URUGUAI (1930), ITÁLIA (1934 E 1938), URUGUAI (1950), ALEMANHA (1954), INGLATERRA (1966), ALEMANHA (1974), ARGENTINA (1978), ITÁLIA (1982), ARGENTINA (1986), ALEMANHA (1990), FRANÇA (1998), ITÁLIA (2006)

141

○ Augie Doggie
○ Winger
○ Striker

Estados Unidos

94

WorldCupUSA**94**

17/06 a 17/07/1994

1º Brasil ★★★★
2º Itália
3º Suécia
4º Bulgária

Artilheiros

6 gols Salenko (Rússia) e Stoichkov (Bulgária)

5 Romário (Brasil), Andersson (Suécia), Klinsmann (Alemanha) e Baggio (Itália)

Final
Brasil **0 x 0** Itália
Nos pênaltis, Brasil **3 x 2** Itália

130 inscritos nas eliminatórias

24 países participantes

Alemanha, Arábia Saudita, Argentina, Bélgica, Bolívia, Brasil, Bulgária, Camarões, Colômbia, Coreia do Sul, Espanha, Estados Unidos, Grécia, Holanda, Irlanda, Itália, Marrocos, México, Nigéria, Noruega, Romênia, Rússia, Suécia e Suíça

4 países estreantes em Copas

Arábia Saudita, Grécia, Nigéria e Rússia

9 cidades-sede e seus estádios

Los Angeles (Rose Bowl), Detroit (Pontiac Silverdome), São Francisco (Stanford Stadium), Nova York (Giants Stadium), Orlando (Citrus Bowl), Chicago (Soldier Field), Dallas (Cotton Bowl), Boston (Foxboro Stadium) e Washington (RFK Stadium)

3.587.538 espectadores

52 partidas

141 gols **2,71** gols em média

221 cartões amarelos

15 cartões vermelhos

Quiz:

1. Quantas finais de Copa tinham sido definidas nos pênaltis antes de Brasil x Itália no estádio Rose Bowl?
A) Duas
B) Três
C) Nenhuma
D) Uma

2. Qual foi o adversário da Argentina na primeira fase que sofreu o famoso "gol do desabafo" de Maradona, quando ele comemorou gritando enlouquecido para as câmeras?
A) Nigéria
B) Grécia
C) Bulgária
D) Romênia

3. Qual o nome do jogador colombiano que foi assassinado ao retornar ao seu país após a eliminação no Mundial?
A) Valderrama
B) Asprilla
C) Rincón
D) Escobar

4. Em que fase a então campeã Alemanha foi eliminada pela Bulgária?
A) Quartas de final
B) Semifinal
C) Primeira fase
D) Oitavas de final

5. Quem foi o primeiro goleiro a ser expulso na história das Copas?
A) Illgner (Alemanha)
B) Pagliuca (Itália)
C) Ravelli (Suécia)
D) Preud'homme (Bélgica)

6. Que jogador tornou-se o mais velho a entrar em campo e marcar gol em Mundiais, aos 42 anos?
A) Diego Maradona (Argentina)
B) Lothar Matthäus (Alemanha)
C) Roger Milla (Camarões)
D) Franco Baresi (Itália)

7. Qual jogador da Argentina foi suspenso da Copa por doping?
A) Caniggia
B) Maradona
C) Balbo
D) Batistuta

8. Qual foi o primeiro jogo disputado em estádio coberto na história das Copas?
A) Brasil x Suécia
B) EUA x Suíça
C) Noruega x México
D) Alemanha x Coreia do Sul

9. Que jogador marcou cinco gols em uma só partida, batendo um recorde nos Mundiais e ainda se tornando um dos artilheiros do torneio?
A) Hristo Stoichkov (Bulgária)
B) Roberto Baggio (Itália)
C) Jürgen Klinsmann (Alemanha)
D) Oleg Salenko (Rússia)

10. Quem foi o artilheiro da surpreendente seleção da Romênia com quatro gols?
A) Gheorghe Hagi
B) Dan Petrescu
C) Florin Raducioui
D) Ilie Dumitrescu

11. Em qual cidade foi realizado o sorteio dos grupos da Copa?
A) Nova York
B) Washington
C) Los Angeles
D) Las Vegas

COLOQUE ESTA PÁGINA CONTRA A LUZ PARA VER AS RESPOSTAS

Goleiro que não vinha merecendo a confiança do torcedor brasileiro, Taffarel pula com convicção para fazer uma defesa histórica, espalmando o pênalti cobrado pelo italiano Massaro

TETRA

Imagem da final: Taffarel vibra, Baggio lamenta a perda do pênalti decisivo

Bom em pênaltis, Taffarel quebra tabu na decisão

Na festa, uma homenagem a Ayrton Senna

Numa Copa do Mu foi sempre superior versários, o Brasil te car na garra o tetra mundial de futebol, ta decisão por pênalti para Ayrton Senna, los jogadores na co Um tetra para Zagalo ticipou da disputa d tulos — atirado para jogadores exatamente ram os tricampeões ter sido no tempo n time perdeu várias mas a seleção estava conquistar cada vitór to sofrimento e com nunca vista em tim ros.

O Brasil é o úni o título de tetracam dial de futebol, ao v lia — a mesma Itá derrotada pelo Brasi mesma Itália que Brasil em 82.

O Brasil estava fa tos de heroísmo: se te dos adversários campo e superar os ra dele. Nada dobr tência de Parreira. V dos, comandando n leção brasileira ma todos os tempos. O rou um trauma: ven cisão por pênaltis, d sido eliminado em 8 de cobrança. Desta tros erraram. Dois craques do mundo, berto Baggio, des suas cobranças. E co creditado Taffarel consagradora e decis que tomou conta da cedores já gritavam ruas: rumo ao pent

CADER DE ESPO

POUCAS VEZES NA VIDA FIQUEI ROUCO. É o pavor de todo narrador. Mas naquela tarde quente na Califórnia, no dia 17 de julho de 1994, não tive vergonha. E quase fiquei louco. De alegria.

Depois de um 0 a 0 terrível no tempo regulamentar; e de outro 0 a 0 angustiante na prorrogação, quando Romário mandou para fora a bola do tetra, enquanto Pelé desesperado chutava minhas canelas tentando "desentortar" o pé de Romário, lá fomos nós para os pênaltis. Nós e vocês. Todos os brasileiros espalhados pelo mundo. Não à toa, depois que Dunga bateu o quarto pênalti para o Brasil e fez 3 a 2 nas cobranças, eu repetia insistentemente durante a transmissão: "Se o Taffarel pegar, o Brasil é campeão! Se o Taffarel pegar, o Brasil é campeão! Todos no gol com Taffarel! Todos no gol com Taffarel!"

E parece que todos atenderam ao meu chamado. Roberto Baggio, o craque Baggio, o grande jogador italiano dos anos 1990, camisa 10 da Azzurra, partiu para a bola e parece que viu o gol do estádio Rose Bowl, em Pasadena, ser preenchido por milhões de brasileiros. E chutou para fora, para cima, para bem longe. "Acabou!", eu gritei. "É tetra! É tetra!"

Pelé e Arnaldo, também enlouquecidos, gritavam, pulavam e me puxavam. "É tetra! É tetra!" a voz rouca, esganiçada, descontrolada, não parava de repetir. E minha alma gritava por dentro, orgulhosa por estar ali, narrando o meu primeiro título mundial no futebol e o quarto do Brasil.

Dizem que aquele time não encantou. Discordo. Aquele grupo quebrou o encanto que alguma bruxa pusera na camisa da Seleção. Desde o inesquecível e mágico tricampeonato em 1970, batíamos na trave e tropeçávamos a caminho da final. Nos Estados Unidos foi diferente: Romário e Bebeto comandaram um time raçudo e com extrema consciência tática. E, se você não se lembra, se perdêssemos aquele jogo teríamos ficado atrás da Itália em número de títulos.

Mas Taffarel, e todos nós, não deixamos.

Galvão Bueno

▶ AO LADO **O GLOBO** EM 18/07/1994

Taffarel, Jorginho, Aldair, Márcio Santos e Leonardo (Branco); Mauro Silva, Dunga, Mazinho e Zinho; Bebeto e Romário

E AINDA **Zetti, Gilmar, Ricardo Rocha, Ronaldão, Cafu, Raí, Muller, Paulo Sérgio, Ronaldo e Viola** TÉCNICO **Carlos Alberto Parreira**

7 JOGOS, 5 VITÓRIAS, 2 EMPATES, II GOLS A FAVOR, 3 GOLS CONTRA • Iª FASE **2X0 RÚSSIA** ROMÁRIO E RAÍ • **3X0 CAMARÕES** ROMÁRIO, MÁRCIO SANTOS E BEBETO • **IXI SUÉCIA** ROMÁRIO • OITAVAS **IX0 ESTADOS UNIDOS** BEBETO • QUARTAS **3X2 HOLANDA** ROMÁRIO, BEBETO E BRANCO • SEMIFINAL **IX0 SUÉCIA** ROMÁRIO FINAL **0X0 ITÁLIA** • PÊNALTIS **3X2 ITÁLIA**

ÁLBUNS DE FIGURINHAS, BRINDES E COLECIONÁVEIS UTILIZANDO IMAGENS DOS JOGADORES MUITAS VEZES SÃO PRODUZIDOS ANTES DA DIVULGAÇÃO DA LISTA DEFINITIVA DOS CONVOCADOS. APESAR DE ESSES ARTIGOS SEREM BASEADOS NAS ESCALAÇÕES DAS ELIMINATÓRIAS, A LISTA FINAL PARA O MUNDIAL COSTUMA TRAZER SURPRESAS DE ÚLTIMA HORA, COMO EVENTUAIS DESFALQUES POR CONTUSÃO OU ALGUM DESTAQUE REPENTINO NOS CAMPEONATOS LOCAIS. VOCÊ CONSEGUIRIA APONTAR NA PÁGINA AO LADO QUEM FICOU DE FORA DA COPA?

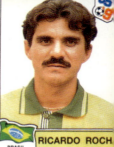

TAFFAREL | JORGINHO | CAFU | RICARDO ROCH

RICARDO GOMES | MARCIO SANTOS | BRANCO | DUNGA

MAURO SILVA | RAI | ZINHO | PALHINHA

BEBETO | ROMARIO | MÜLLER | EVAIR

SE VOCÊ APARECESSE NA RUA com um corte Cascão no dia, sei lá, 25 de junho de 2002, seria massacrado. Mas se você aguardasse cinco dias, viraria ídolo. Graças a Ronaldo, o corte mais feio da história virou ícone no dia 30 de junho de 2002.

A Copa é o maior evento fashion do planeta. Ganha de goleada. Chore não, Semana de Paris. Não há nada que você possa fazer. E isso não tem a ver com os números incríveis e inalcançáveis de audiência da Copa. Tem a ver com o que ela representa.

Qualquer designer passa a vida tentando criar a peça perfeita, atemporal. Eterna. Para isso, ela deve ter significado. Precisa representar algo forte. É o tal do *statement*. Ao usar a peça, a pessoa está fazendo uma declaração sobre sua personalidade.

A Copa do Mundo, sem esforço algum, eterniza o que passa por ela. Tudo tem muito significado. Vitória, luta, união, força, saúde, sucesso, alegria. Quer um exemplo? Experimente sair na rua vestido com uma roupa qualquer dos anos 1950. Cronometre quanto tempo alguém demora para lhe perguntar onde é a festa à fantasia. Agora coloque a camisa da Seleção campeã de 1958. É ícone, é fashion. E estamos falando de uniformes! Nada mais antifashion do que ser uniforme, ser padronizado.

Você usa a mesma roupa que outras milhões de pessoas, e ainda faz um *statement*. Sai ileso combinando uma camisa da Croácia (outro ícone, a famosa "toalha de mesa") com cabelo Cascão. É o único evento capaz de salvar a estilista do Dunga. É o poder da Copa.

Tiago Leifert

BARBA, CABELO, NARIZ E BIGODE!
Faça seu craque!

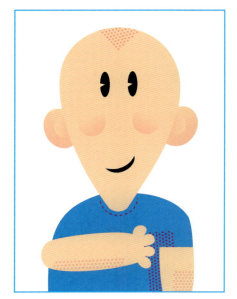
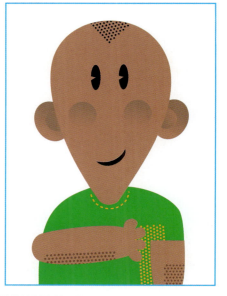

UTILIZE OS ADESIVOS ENCARTADOS NO FINAL DO LIVRO!

○ Butix
○ Footix
○ Gusteau

França

98

FRANCE 98 WORLD CUP

10/06 a 12/07/1998

1º França
2º Brasil
3º Croácia
4º Holanda

Artilheiros
6 gols Suker (Croácia)
5 Batistuta (Argentina) e Vieri (Itália)

Final
França **3 x 0** Brasil

168 inscritos nas eliminatórias

32 países participantes

África do Sul, Alemanha, Arábia Saudita, Argentina, Áustria, Brasil, Bélgica, Bulgária, Camarões, Chile, Colômbia, Coreia do Sul, Croácia, Dinamarca, Escócia, Espanha, Estados Unidos, França, Holanda, Inglaterra, Irã, Itália, Iugoslávia, Jamaica, Japão, Marrocos, México, Nigéria, Noruega, Paraguai, Romênia e Tunísia

4 países estreantes em Copas

África do Sul, Croácia, Jamaica e Japão

10 cidades-sede e seus estádios

Saint-Denis (Stade de France), Paris (Parc des Princes), Marselha (Vélodrome), Lyon (Gerland), Nantes (La Beaujoire), Montpellier (La Mosson), Toulouse (Municipal), Bordeaux (Parc Lescure), Lens (Félix Bollaert) e Saint-Étienne (Geoffroy-Gichard)

2.785.100 espectadores

64 partidas

171 gols **2,67** gols em média

250 cartões amarelos

22 cartões vermelhos

Quiz:

I. Qual o nome do jogador holandês que marcou o gol de empate contra o Brasil e levou a decisão para os pênaltis?
A) Dennis Bergkamp
B) Clarence Seedorf
C) Patrick Kluivert
D) Ronald De Boer

2. Que técnico brasileiro, que treinava a Arábia Saudita, foi o primeiro da história a ser demitido durante uma Copa?
A) Carlos Alberto Parreira
B) Evaristo de Macedo
C) Jair Pereira
D) René Simões

3. Quem foi o treinador da Argentina que exigiu que seus comandados cortassem os cabelos mais curtos e não convocou Redondo porque o craque se negou a aparar as madeixas?
A) Cesar Menotti
B) Daniel Passarela
C) Maradona
D) Alfio Basile

4. Que artista foi o intérprete de "La Copa de La Vida", música-tema do Mundial da França?
A) Carlos Santana
B) Eros Ramazzotti
C) Ricky Martin
D) Alejandro Sanz

5. Na goleada de 4 a I da Dinamarca sobre a Jamaica, o atacante Ebbe Sand saiu do banco de reservas e marcou um gol em apenas:
A) 6 segundos
B) I6 segundos
C) 26 segundos
D) 36 segundos

6. Que jogador foi o único da história a ser expulso por duas Copas seguidas?
A) Rigobert Song (Camarões)
B) Diego Simeone (Argentina)
C) Freddy Rincón (Colômbia)
D) Frank De Boer (Holanda)

7. Qual é o nome do capitão da França que ergueu a taça no Stade de France?
A) Laurent Blanc
B) Zinedine Zidane
C) Lilian Thuram
D) Didier Deschamps

8. Quem marcou o primeiro Gol de Ouro da história das Copas?
A) Marcel Desailly
B) Emmanuel Petit
C) Laurent Blanc
D) Thierry Henry

9. Que zagueiro completou sua campanha na Copa (383 minutos, no total) sem cometer sequer uma falta?
A) Aldair (Brasil)
B) Ayala (Argentina)
C) Gamarra (Paraguai)
D) Desailly (França)

I0. Qual jogador inglês foi responsabilizado pela derrota para a Argentina por ter sido expulso?
A) Michael Owen
B) David Beckham
C) Paul Scholes
D) Sol Campbell

II. Que jogador italiano cobrou o último pênalti no travessão, decretando a eliminação da Azzurra para a França nas quartas de final?
A) Di Biagio
B) Roberto Baggio
C) Christian Vieri
D) Alessandro Costacurta

Footix!
FRANCE 98

COLOQUE ESTA PÁGINA CONTRA A LUZ PARA VER AS RESPOSTAS

A COPA DE 98 FOI A PRIMEIRA QUE NARREI no país-sede, depois de ter tido o prazer de transmitir um título brasileiro no primeiro Mundial em que trabalhei. Mas quando Baggio bateu o pênalti para fora, na Califórnia, eu estava no estúdio, no Rio. Vem daí meu justificável deslumbramento com o lindo Stade de France, no dia IO de junho. Brasil e Escócia entravam em campo na estreia da seleção de Zagallo. Lamentei a ausência de Romário, cortado, mas acreditava que Ronaldo poderia ser o grande protagonista da Copa.

Duas vitórias e uma derrota, para a Noruega, na primeira fase. Não era a campanha dos sonhos. Mas a Seleção jogou melhor nas oitavas de final e venceu bem o Chile por 4 a I. Nas quartas, susto e vitória suada (3 a 2) sobre a Dinamarca. Chegava a vez de encarar novamente a Holanda, agora na semifinal.

O dia em Marselha foi tenso. Nem um agradável almoço com a turma do *Casseta e Planeta* me fez relaxar antes de chegar ao Vélodrome. Que jogo! A morte súbita foi um suplício! Chegaram os pênaltis e Taffarel botou o Brasil de novo na final de um Mundial. Era a volta ao Stade de France.

Ninguém deu muita importância quando a primeira escalação fornecida pela FIFA colocava Edmundo no lugar de Ronaldo. Deveria ser um erro, pensávamos. Mas a segunda também trazia o "Animal" no time titular. Havia agora uma ponta de preocupação, que se desfez na terceira escalação divulgada: Ronaldo entre os II.

O craque entrou em campo, mas pouco fez. Aliás, no Brasil quase ninguém jogou. O placar de 3 a O me pareceu justo e inquestionável. Paris estava em festa! Voltei para o hotel atordoado e com a certeza de que havia errado em relação ao protagonista do Mundial. Quem mais brilhou foi Zidane. Ronaldo teria de esperar mais quatro anos. E até hoje o mundo não sabe exatamente o que aconteceu com o Fenômeno naquela estranha tarde de Paris...

Luiz Carlos Jr.

AO LADO RONALDO ARRANCA COM A BOLA DOMINADA, NA SEMIFINAL CONTRA A HOLANDA

Taffarel, Cafu, Aldair, Júnior Baiano e Roberto Carlos; Dunga e César Sampaio; Leonardo e Rivaldo; Bebeto e Ronaldo

E AINDA **Carlos Germano, Dida, Gonçalves, André Cruz, Zé Carlos, Zé Roberto, Doriva, Émerson, Giovanni, Denílson e Edmundo** TÉCNICO **Zagallo**

7 JOGOS, 4 VITÓRIAS, I EMPATE, 2 DERROTAS, I4 GOLS A FAVOR, IO GOLS CONTRA • Iª FASE **2XI ESCÓCIA** CÉSAR SAMPAIO E BOYD (CONTRA) • **3X0 MARROCOS** RONALDO, RIVALDO E BEBETO • **IX2 NORUEGA** BEBETO • OITAVAS **4XI CHILE** CÉSAR SAMPAIO(2) E RONALDO(2) QUARTAS **3X2 DINAMARCA** RIVALDO(2) E BEBETO • SEMIFINAL **IXI HOLANDA** RONALDO • PÊNALTIS **4X2 HOLANDA** • FINAL **0X3 FRANÇA**

> ÁLBUNS DE FIGURINHAS, BRINDES E COLECIONÁVEIS UTILIZANDO IMAGENS DOS JOGADORES MUITAS VEZES SÃO PRODUZIDOS ANTES DA DIVULGAÇÃO DA LISTA DEFINITIVA DOS CONVOCADOS. APESAR DE ESSES ARTIGOS SEREM BASEADOS NAS ESCALAÇÕES DAS ELIMINATÓRIAS, A LISTA FINAL PARA O MUNDIAL COSTUMA TRAZER SURPRESAS DE ÚLTIMA HORA, COMO EVENTUAIS DESFALQUES POR CONTUSÃO OU ALGUM DESTAQUE REPENTINO NOS CAMPEONATOS LOCAIS. VOCÊ CONSEGUIRIA APONTAR NA PÁGINA AO LADO QUEM FICOU DE FORA DA COPA?

TAFFAREL	ZE MARIA	GONÇALVES	JUNIOR BAIANO
BRASIL	BRASIL	BRASIL	BRASIL

ANDRE CRUZ	ROBERTO CARLOS	CESAR SAMPAIO	FLAVIO CONCEIÇA
BRASIL	BRASIL	BRASIL	BRASIL

MAURO SILVA	DENILSON	RIVALDO	EDMUNDO
BRASIL	BRASIL	BRASIL	BRASIL

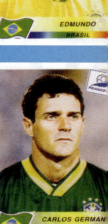

RONALDO	ROMARIO	BEBETO	CARLOS GERMAN

- Zak, Kin e Ota
- Oni, Zat e Aka
- Ato, Nik e Kaz

Coreia do Sul e Japão

02

31/05 a 30/06/2002

1º Brasil ★★★★★
2º Alemanha
3º Turquia
4º Coreia do Sul

Artilheiros
8 gols Ronaldo (Brasil)
5 Klose (Alemanha) e Rivaldo (Brasil)

Final
Brasil **2 x 0** Alemanha

193 inscritos nas eliminatórias

32 países participantes
África do Sul, Alemanha, Arábia Saudita, Argentina, Bélgica, Brasil, Camarões, China, Coreia do Sul, Costa Rica, Croácia, Dinamarca, Equador, Eslovênia, Espanha, Estados Unidos, França, Inglaterra, Irlanda, Itália, Japão, México, Nigéria, Paraguai, Polônia, Portugal, Rússia, Senegal, Suécia, Tunísia, Turquia e Uruguai

4 países estreantes em Copas
China, Equador, Eslovênia e Senegal

20 cidades-sede e seus estádios
Yokohama (Internacional), Saitama (Saitama 2002), Osaka (Nagai), Fukuori (Shizuoka), Kobe (Kobe Wing), Kashima (Kashima Stadium), Sapporo (Sapporo Dome), Oita (Oita Stadium), Rifu (Miyagi), Niigata (Niigata Stadium), Suwon (Suwon Stadium), Jeonju (Jeonju Stadium), Seul (Seul Stadium), Ulsan (Big Crown), Daegu (Daegu Stadium), Busan (Busan Stadium), Incheon (Incheon Munhak), Gwangju (Gwangju Stadium), Seogwipo (Jeju) e Daejeon (Daejeon Stadium)

2.705.191 espectadores
64 partidas
161 gols **2,52** gols em média
260 cartões amarelos
17 cartões vermelhos

Quiz:

1. Qual seleção teve o recorde de cinco gols anulados em uma mesma edição?
A) Espanha
B) Turquia
C) Itália
D) França

2. Que treinador disputou sua quinta Copa pela quinta seleção diferente?
A) Guus Hiddink
B) Carlos Alberto Parreira
C) Sven-Goran Eriksson
D) Bora Milutinovic

3. Em 2002, o Brasil participou de sua terceira final consecutiva. Que outro país também já chegou três vezes seguidas a uma final?
A) Uruguai
B) Alemanha
C) Itália
D) Argentina

4. Quem era o último detentor da Bola de Ouro, prêmio dado ao melhor jogador do mundo, antes da Copa da Coreia e do Japão?
A) Rivaldo
B) Zinedine Zidane
C) David Beckham
D) Luis Figo

5. O gol mais rápido da história das Copas (feito aos 11 segundos) foi marcado na edição de 2002. Quem foi o autor?
A) Ronaldo (Brasil)
B) Miroslav Klose (Alemanha)
C) Hakan Sukur (Turquia)
D) Michael Owen (Inglaterra)

6. Qual jogador da Coreia do Sul acabou demitido do seu clube, o Perugia, após a vitória sobre a Itália?
A) Ahn Jung-Hwan
B) Cha Doo-Ri
C) Park Ji-Sung
D) Lee Woon Jae

7. Que jogo foi o primeiro na história das Copas a ter dois gols contra, um para cada seleção?
A) Estados Unidos 3 x 2 Portugal
B) Senegal 3 x 3 Uruguai
C) Brasil 5 x 2 Costa Rica
D) Japão 2 x 2 Bélgica

8. Que seleção fez a pior campanha da Copa?
A) França
B) Tunísia
C) China
D) Arábia Saudita

9. Que astro do futebol europeu foi afastado após discutir com o treinador?
A) David Beckham (Inglaterra)
B) Roy Keane (Irlanda)
C) Zinedine Zidane (França)
D) Luis Figo (Portugal)

10. Quem era o técnico da Argentina, eliminada na primeira fase?
A) Marcelo Bielsa
B) Carlos Bilardo
C) Cesar Menotti
D) Carlos Bianchi

11. Que seleção chegou a inéditos cinco empates consecutivos em Copas, incluindo a edição anterior?
A) Suécia
B) Estados Unidos
C) Bélgica
D) Japão

Ato, Nik e Kaz!

COLOQUE ESTA PÁGINA CONTRA A LUZ PARA VER AS RESPOSTAS ➤

ERA A MINHA SEGUNDA COPA. A primeira depois de ser mãe. De três bebês. De uma só vez.

O primeiro Mundial em dois países: Japão e Coreia do Sul. Eu nunca tinha ido tão longe. Isso para quem não gosta de aviões é um problema – um problemão! – a mais.

A saudade dos meus filhos, com 4 anos e 7 meses, a maior dificuldade. Desde o nascimento deles, eu nunca mais tinha viajado a trabalho. Era quase um recomeço de carreira. E, pensando assim, fui para o Oriente.

Assisti a todos os treinos. Técnicos e táticos. Rodas de bobo, inúmeras cobranças de lateral com o Roberto Carlos lançando a bola dentro da área, reconhecimento de campo, de estádio. Entrevistas coletivas. Algumas, até exclusivas. E o melhor de tudo: os jogos. Tentei identificar em que momento percebi que seríamos campeões. Não sei dizer.

A primeira fase – Turquia, China e Costa Rica – não deu para assustar.

A partir do jogo com a Bélgica, sim, quem perdesse voltava para casa. Mas as oitavas de final mostraram que Ronaldo e Rivaldo não estavam para brincadeira. Quatro jogos, gols dos dois em todos eles. O Fenômeno, que chegou à Seleção cercado por dúvidas e cicatrizes de duas cirurgias, evoluía a cada partida. Assisti a esse jogo sentada bem à frente da seleção inglesa. Beckham e cia., nossos próximos adversários.

Será que foi, então, naquela partida que nossa equipe mostrou que seria campeã? Naquele inesquecível gol de falta de Ronaldinho Gaúcho? Cruzou? Tentou o gol? O que importa? Viramos o jogo e ganhamos.

Agora, só faltavam duas.

Os turcos, novamente, com aquela torcida apaixonada e barulhenta. Nem me lembro se jogamos bem ou mal. Na Copa, é assim: cada alegria é seguida de agonia até o apito final.

E lá estávamos nós, pela terceira vez em três Mundiais, na final. Numa entrevista com Ronaldo, na segunda-feira, depois da conquista do penta, ele confessou que teve medo. Medo de dormir, de passar mal. Mas que nada... Fez dois gols em Oliver Kahn – eleito o melhor jogador daquela Copa. E os japoneses – que se apaixonaram pelo futebol vendo Zico brilhar e desbravar os gramados do Japão – foram testemunhas do nosso quinto título.

Quarenta e três dias depois de deixar o Brasil, mais uma Copa, mais um título. Saudades de casa. É bom poder voltar.

Fátima Bernardes

AO LADO RIVALDO ENFRENTA A MARCAÇÃO BELGA

Marcos, Lúcio, Edmílson e Roque Júnior; Cafu, Gilberto Silva, Kléberson, Ronaldinho Gaúcho e Roberto Carlos; Ronaldo e Rivaldo

E AINDA **Dida, Rogério Ceni, Anderson Polga, Belletti, Júnior, Juninho Paulista, Kaká, Ricardinho, Vampeta, Edílson, Luizão e Denílson** TÉCNICO **Luiz Felipe Scolari**

7 JOGOS, 7 VITÓRIAS, 18 GOLS A FAVOR, 4 GOLS CONTRA • Iª FASE **2X1 TURQUIA** RONALDO E RIVALDO • **4XO CHINA** ROBERTO CARLOS, RIVALDO, RONALDINHO GAÚCHO E RONALDO • **5X2 COSTA RICA** RONALDO(2), EDMÍLSON, RIVALDO E JÚNIOR • OITAVAS **2XO BÉLGICA** RIVALDO E RONALDO QUARTAS **2X1 INGLATERRA** RIVALDO E RONALDINHO GAÚCHO • SEMIFINAL **IXO TURQUIA** RONALDO • FINAL **2XO ALEMANHA** RONALDO(2)

ÁLBUNS DE FIGURINHAS, BRINDES E COLECIONÁVEIS UTILIZANDO IMAGENS DOS JOGADORES MUITAS VEZES SÃO PRODUZIDOS ANTES DA DIVULGAÇÃO DA LISTA DEFINITIVA DOS CONVOCADOS. APESAR DE ESSES ARTIGOS SEREM BASEADOS NAS ESCALAÇÕES DAS ELIMINATÓRIAS, A LISTA FINAL PARA O MUNDIAL COSTUMA TRAZER SURPRESAS DE ÚLTIMA HORA, COMO EVENTUAIS DESFALQUES POR CONTUSÃO OU ALGUM DESTAQUE REPENTINO NOS CAMPEONATOS LOCAIS. VOCÊ CONSEGUIRIA APONTAR NA PÁGINA AO LADO QUEM FICOU DE FORA DA COPA?

CAFU — ANTONIO CARLOS ZAGO — ROQUE JUNIOR

ROBERTO CARLOS — VAMPETA — ZE ROBERTO

EMERSON — JUNINHO PAULISTA — DENILSON

RONALDO — LUIZÃO — EDILSON

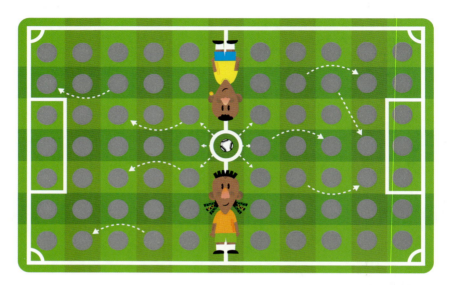

RASPA GOL! TIRE CARA OU COROA E ESCOLHA CAMPO OU BOLA. A PRIMEIRA JOGADA DE CADA UM COMEÇA SEMPRE NO CÍRCULO CENTRAL. RASPE OS CÍRCULOS PRATEADOS EM DIREÇÃO AO GOL ADVERSÁRIO. SE SAIR BOLA, CONTINUE JOGANDO. CASO CONTRÁRIO, É A VEZ DO ADVERSÁRIO. RASPE SEMPRE O CÍRCULO VIZINHO (FRENTE, LADOS OU DIAGONAL) À ÚLTIMA BOLA ENCONTRADA. SE VOCÊ CAIR NAS CASAS COM SETINHAS, PODERÁ TENTAR UM PASSE EM PROFUNDIDADE, AVANÇANDO MAIS RÁPIDO. SE O GOLEIRO DEFENDER, VOCÊ PODERÁ TENTAR O REBOTE QUANDO FOR NOVAMENTE A SUA VEZ DE JOGAR. **QUEM CHEGA NO GOL PRIMEIRO?**

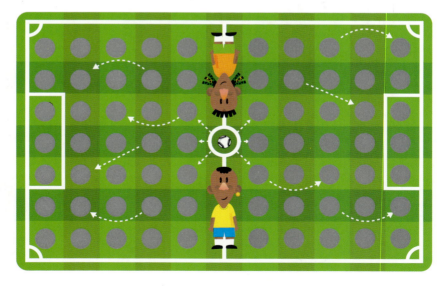

168

Cadê a bola?

KLÉBERSON TENTA SUPERAR KLOSE, NA FINAL CONTRA A ALEMANHA

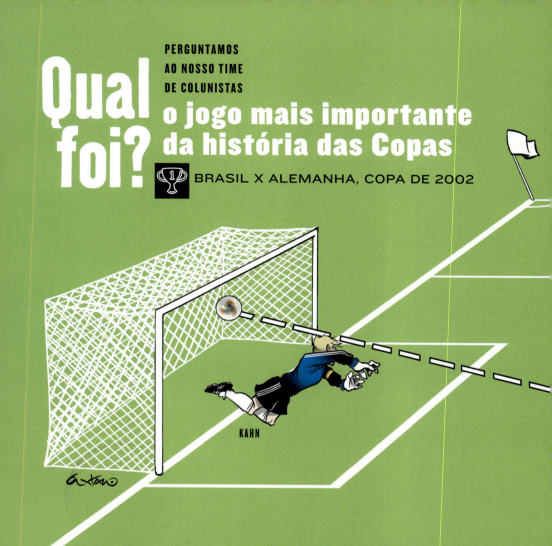

Equilíbrio absoluto nas respostas. E algumas surpresas, também. Os mais bem votados foram os jogos que decidiram a Copa de 54 (Alemanha 3 x 2 Hungria) **e de 2002 (Brasil 2 x 0 Alemanha).** Mas também foram lembrados: Brasil 1 x 2 Uruguai (Copa de 50); Brasil 2 x 0 URSS e Brasil 5 x 2 Suécia (Copa de 58); Brasil 1 x 0 Inglaterra, Brasil 3 x 1 Uruguai e Brasil 4 x 1 Itália (Copa de 70); Argentina 2 x 1 Inglaterra (Copa de 86); Romênia 3 x 2 Argentina, Brasil 3 x 2 Holanda e Brasil 0 x 0 Itália (Copa de 94) e Brasil 1 x 1 Holanda (Copa de 98).

○ Löwen e Tor
○ Goleo II e Tap
○ Goleo VI e Pille

Alemanha

06

09/06 a 09/07/2006

1º Itália
2º França
3º Alemanha
4º Portugal

Artilheiros
5 gols Klose (Alemanha)
3 Ronaldo (Brasil),
Crespo e Maxi Rodríguez (Argentina),
Zidane e Henry (França),
Villa e Torres (Espanha) e
Podolski (Alemanha)

Final
Itália **1 x 1** França
Nos pênaltis, Itália **5 x 3** França

198 inscritos nas eliminatórias

32 países participantes
Alemanha, Angola, Arábia Saudita, Argentina, Austrália, Brasil, Coreia do Sul, Costa do Marfim, Costa Rica, Croácia, Equador, Espanha, Estados Unidos, França, Gana, Inglaterra, Irã, Irlanda, Itália, Japão, México, Paraguai, Polônia, Portugal, República Tcheca, Sérvia e Montenegro, Suécia, Suíça, Togo, Trinidad e Tobago, Tunísia e Ucrânia

6 países estreantes em Copas
Angola, Costa do Marfim, Gana, Togo, Trinidad e Tobago e Ucrânia

12 cidades-sede e seus estádios
Berlim (Olímpico), Munique (Allianz Arena), Dortmund (Iduna Park), Frankfurt (Waldstadion), Gelsenkirchen (Veltins Arena), Hamburgo (AOL Arena), Hannover (AWD Arena), Colônia (Rhein Energie), Kaiserslautern (Fritz Walter), Leipzig (Zentralstadion), Nuremberg (Frankenstadion) e Stuttgart (Gottlieb-Daimler)

3.359.439 espectadores
64 partidas
147 gols **2,30** gols em média
307 cartões amarelos
28 cartões vermelhos

Quiz:

1. Qual jogo ficou conhecido como a "Batalha de Nuremberg", pela tensão e violência ocorrida na partida?
A) Portugal 1 x 0 Holanda
B) Brasil 0 x 1 França
C) Suíça 0 x 0 Ucrânia
D) Alemanha 1 x 1 Argentina

2. Que seleção europeia Luiz Felipe Scolari, técnico campeão mundial pelo Brasil em 2002, comandou no Mundial da Alemanha?
A) França
B) Suécia
C) Inglaterra
D) Portugal

3. Qual era a idade de Lionel Messi quando marcou seu primeiro gol em Copas?
A) 17 anos e 243 dias
B) 18 anos e 357 dias
C) 19 anos e 85 dias
D) 20 anos e 199 dias

4. Qual seleção foi eliminada da Copa nas oitavas de final, mesmo sem sofrer nenhum gol?
A) Holanda
B) Suíça
C) Paraguai
D) Alemanha

5. Em falha grotesca da arbitragem, um jogador só foi expulso após levar o terceiro cartão amarelo. Quem foi o "recordista" de advertências?
A) Zidane (França)
B) Materazzi (Itália)
C) Simunic (Croácia)
D) Ballack (Alemanha)

6. Quantas partidas terminaram em 0 a 0 no Mundial de 2006?
A) Cinco
B) Três
C) Duas
D) Sete

7. Em que jogo Lionel Messi marcou seu primeiro gol pela seleção argentina em Copas do Mundo?
A) Argentina 6 x 0 Sérvia
B) Argentina 1 x 1 Alemanha
C) Argentina 2 x 1 México
D) Argentina 2 x 1 Costa do Marfim

8. Que zagueiro marcou o gol contra mais rápido da história dos Mundiais, aos três minutos do primeiro tempo?
A) Terry (Inglaterra)
B) Thuram (França)
C) Gamarra (Paraguai)
D) Ricardo Carvalho (Portugal)

9. Que jogador foi eleito o craque do torneio de 2006?
A) Cannavaro (Itália)
B) Cristiano Ronaldo (Portugal)
C) Zidane (França)
D) Ballack (Alemanha)

10. Qual seleção africana ameaçou não entrar em campo por divergências com dirigentes quanto ao pagamento de prêmios?
A) Angola
B) Costa do Marfim
C) Gana
D) Togo

11. Que seleção fez a melhor campanha da primeira fase graças ao saldo de gols?
A) Brasil
B) Inglaterra
C) Espanha
D) Itália

Goleo VI e Pille!

COLOQUE ESTA PÁGINA CONTRA A LUZ PARA VER AS RESPOSTAS

É QUASE UM PARADOXO. Mas a Copa da Alemanha foi a Copa da paixão. Em que a razão não ganhou jogo nem ficou na arquibancada. Em que os estereótipos caíram.

Eu morei um ano e dois meses em Berlim – de maio de 2005 a julho de 2006 – e pude ver de perto como o Mundial transformou os alemães. De repente, bandeiras nos carros, festa nas ruas, pessoas saindo mais cedo do trabalho. Parecia a Bahia. Mas era a Alemanha. Demonstrar o nacionalismo era um tabu para eles. Desde a Segunda Guerra. Era. E assim, cantando o hino, os donos da casa empurraram de maneira apaixonada um time limitado até o terceiro lugar.

Antes da Copa, a voz da razão dizia: o Brasil é o favorito. Tínhamos craques em profusão. Mas, como disse, era o Mundial da paixão. E caímos diante de quem amava mais – naquele momento – o futebol. Alguém que sabia cortejar a bola. Zidane botou na cabeça que iria se despedir do futebol na Alemanha. E foi adiando a aposentadoria – jogo a jogo. Exatamente contra o Brasil, fez sua melhor partida. Talento e elegância.

Depois das semifinais, o lógico seria Zidane e a França conquistarem o título. Tanto que ele foi eleito o melhor da Copa. Mas na Alemanha a razão perdeu de goleada. O craque, o camisa 10 cerebral, perdeu a cabeça. E a usou para praticamente decidir a Copa às avessas. A cabeçada em Materazzi fez "Zizou" ser expulso e desestabilizou os franceses. Decisão de Mundial nos pênaltis, pela segunda vez na história.

A Itália conquistou seu quarto título. Quer alguém mais passional e menos racional do que um italiano? Assim foi a Copa que inverteu a lógica. Na terra da filosofia, da razão, venceu a paixão. Dentro e fora de campo.

Renato Ribeiro

AO LADO O CRAQUE FRANCÊS ZINEDINE ZIDANE APLICA UM CHAPÉU EM RONALDO NA VITÓRIA DA FRANÇA

Dida, Cafu, Lúcio, Juan e Roberto Carlos; Emerson, Zé Roberto, Kaká e Ronaldinho Gaúcho; Ronaldo e Adriano

E AINDA **Julio Cesar, Rogério Ceni, Cris, Luisão, Cicinho, Gilberto, Gilberto Silva, Juninho Pernambucano, Mineiro, Ricardinho, Fred e Robinho** TÉCNICO **Carlos Alberto Parreira**

5 JOGOS, 4 VITÓRIAS, I DERROTA, IO GOLS A FAVOR, 2 GOLS CONTRA • Iª FASE **IXO CROÁCIA** KAKÁ • **2XO AUSTRÁLIA** ADRIANO E FRED • **4XI JAPÃO** RONALDO(2), JUNINHO E GILBERTO OITAVAS **3XO GANA** RONALDO, ADRIANO E ZÉ ROBERTO • QUARTAS **OXI FRANÇA**

ÁLBUNS DE FIGURINHAS, BRINDES E COLECIONÁVEIS UTILIZANDO IMAGENS DOS JOGADORES MUITAS VEZES SÃO PRODUZIDOS ANTES DA DIVULGAÇÃO DA LISTA DEFINITIVA DOS CONVOCADOS. APESAR DE ESSES ARTIGOS SEREM BASEADOS NAS ESCALAÇÕES DAS ELIMINATÓRIAS, A LISTA FINAL PARA O MUNDIAL COSTUMA TRAZER SURPRESAS DE ÚLTIMA HORA, COMO EVENTUAIS DESFALQUES POR CONTUSÃO OU ALGUM DESTAQUE REPENTINO NOS CAMPEONATOS LOCAIS. VOCÊ CONSEGUIRIA APONTAR NA PÁGINA AO LADO QUEM FICOU DE FORA DA COPA?

CAFU

CICINHO

JUAN

ROBERTO CARLOS

ROQUE JUNIOR

EMERSON

PTISTA

JUNINHO PERNAMBUCANO

ZE ROBERTO

KAKA

○ Zakumi
○ Bambaataa
○ T'Challa

África do Sul

10

11/06 a 11/07/2010

204 inscritos nas eliminatórias

32 países participantes

África do Sul, Alemanha, Argélia, Argentina, Austrália, Brasil, Camarões, Chile, Coreia do Norte, Coreia do Sul, Costa do Marfim, Dinamarca, Eslováquia, Eslovênia, Espanha, Estados Unidos, França, Gana, Grécia, Holanda, Honduras, Inglaterra, Itália, Japão, México, Nigéria, Nova Zelândia, Paraguai, Portugal, Sérvia, Suíça e Uruguai

0 países estreantes em Copas

A FIFA considera que a Eslováquia já disputou a Copa, pois fez parte da Tchecoslováquia. O mesmo vale para a Sérvia, que já integrou Iugoslávia e Sérvia e Montenegro.

9 cidades-sede e seus estádios

Cidade do Cabo (Green Point), Bloemfontein (Free State), Durban (Moses Mabhida), Johanesburgo (Soccer City e Ellis Park), Nelspruit (Mbombela Stadium), Polokwane (Peter Mokaba), Port Elizabeth (Nelson Mandela Bay), Rustemburgo (Royal Bafokeng), Pretória (Loftus Versfeld)

espectadores

64 partidas

gols   gols em média

cartões amarelos

cartões vermelhos

1º
2º
3º
4º

Artilheiros

Final

OS 23 CONVOCADOS DO BRASIL Julio Cesar, Gomes, Doni, Maicon, Daniel Alves, Michel Bastos, Gilberto, Lúcio, Juan, Luisão, Thiago Silva, Felipe Melo, Gilberto Silva, Ramires, Elano, Kaká, Josué, Julio Baptista, Kleberson, Robinho, Luis Fabiano, Nilmar e Grafite TÉCNICO **Dunga**

...... JOGOS, ... VITÓRIAS, ... GOLS A FAVOR, ... GOLS CONTRA

Iª FASE ...... **X** ...... **COREIA DO NORTE**
...... **X** ...... **COSTA DO MARFIM**
...... **X** ...... **PORTUGAL**
OITAVAS ...... **X**
QUARTAS ...... **X**
SEMIFINAL ...... **X**
FINAL ...... **X**

TABELA DA COPA

A

Data	Local	Time 1				Time 2
11JUN 11h	JOHANESBURGO	ÁFRICA DO SUL		X		MÉXICO
11JUN 15h30	CIDADE DO CABO	URUGUAI		X		FRANÇA
16JUN 15h30	PRETÓRIA	ÁFRICA DO SUL		X		URUGUAI
17JUN 15h30	POLOKWANE	FRANÇA		X		MÉXICO
22JUN 11h	RUSTEMBURGO	MÉXICO		X		URUGUAI
22JUN 11h	BLOEMFONTEIN	FRANÇA		X		ÁFRICA DO SUL

B

Data	Local	Time 1				Time 2
12JUN 11h	JOHANESBURGO	ARGENTINA		X		NIGÉRIA
12JUN 8h30	PORT ELIZABETH	COREIA DO SUL		X		GRÉCIA
17JUN 11h	BLOEMFONTEIN	GRÉCIA		X		NIGÉRIA
17JUN 8h30	JOHANESBURGO	ARGENTINA		X		COREIA DO SUL
22JUN 15h30	DURBAN	NIGÉRIA		X		COREIA DO SUL
23JUN 15h30	POLOKWANE	GRÉCIA		X		ARGENTINA

C

Data	Local	Time 1				Time 2
12JUN 15h30	RUSTEMBURGO	INGLATERRA		X		ESTADOS UNIDOS
13JUN 8h30	POLOKWANE	ARGÉLIA		X		ESLOVÊNIA
18JUN 11h	JOHANESBURGO	ESLOVÊNIA		X		ESTADOS UNIDOS
18JUN 15h30	CIDADE DO CABO	INGLATERRA		X		ARGÉLIA
23JUN 11h	PORT ELIZABETH	ESLOVÊNIA		X		INGLATERRA
23JUN 11h	PRETÓRIA	ESTADOS UNIDOS		X		ARGÉLIA

D

Data	Local	Time 1				Time 2
13JUN 15h30	DURBAN	ALEMANHA		X		AUSTRÁLIA
13JUN 11h	PRETÓRIA	SÉRVIA		X		GANA
18JUN 8h30	PORT ELIZABETH	ALEMANHA		X		SÉRVIA
19JUN 11h	RUSTEMBURGO	GANA		X		AUSTRÁLIA
23JUN 15h30	JOHANESBURGO	GANA		X		ALEMANHA
23JUN 15h30	NELSPRUIT	AUSTRÁLIA		X		SÉRVIA

ÁFRICA DO SUL 2010

Grupo E

Data	Hora	Local	Partida
14JUN	8h30	JOHANESBURGO	HOLANDA X DINAMARCA
14JUN	11h	BLOEMFONTEIN	JAPÃO X CAMARÕES
19JUN	8h30	DURBAN	HOLANDA X JAPÃO
19JUN	15h30	PRETÓRIA	CAMARÕES X DINAMARCA
24JUN	15h30	RUSTEMBURGO	DINAMARCA X JAPÃO
24JUN	15h30	CIDADE DO CABO	CAMARÕES X HOLANDA

Grupo F

Data	Hora	Local	Partida
14JUN	15h30	CIDADE DO CABO	ITÁLIA X PARAGUAI
15JUN	8h30	RUSTEMBURGO	NOVA ZELÂNDIA X ESLOVÁQUIA
20JUN	8h30	BLOEMFONTEIN	ESLOVÁQUIA X PARAGUAI
20JUN	11h	NELSPRUIT	ITÁLIA X NOVA ZELÂNDIA
24JUN	11h	JOHANESBURGO	ESLOVÁQUIA X ITÁLIA
24JUN	11h	POLOKWANE	PARAGUAI X NOVA ZELÂNDIA

Grupo G

Data	Hora	Local	Partida
15JUN	11h	PORT ELIZABETH	COSTA DO MARFIM X PORTUGAL
15JUN	15h30	JOHANESBURGO	BRASIL X COREIA DO NORTE
20JUN	15h30	JOHANESBURGO	BRASIL X COSTA DO MARFIM
21JUN	8h30	CIDADE DO CABO	PORTUGAL X COREIA DO NORTE
25JUN	11h	DURBAN	PORTUGAL X BRASIL
25JUN	11h	NELSPRUIT	COREIA DO NORTE X COSTA DO MARFIM

Grupo H

Data	Hora	Local	Partida
16JUN	8h30	NELSPRUIT	HONDURAS X CHILE
16JUN	11h	DURBAN	ESPANHA X SUÍÇA
21JUN	11h	PORT ELIZABETH	CHILE X SUÍÇA
21JUN	15h30	JOHANESBURGO	ESPANHA X HONDURAS
25JUN	15h30	PRETÓRIA	CHILE X ESPANHA
25JUN	15h30	BLOEMFONTEIN	SUÍÇA X HONDURAS

OITAVAS DE FINAL

1º COLOCADO GRUPO E

JOGO 53 **28JUN** 11h DURBAN

2º COLOCADO GRUPO F

1º COLOCADO GRUPO G

JOGO 54 **28JUN** 15h30 JOHANESBURGO

2º COLOCADO GRUPO H

1º COLOCADO GRUPO A

JOGO 49 **26JUN** 11h PORT ELIZABETH

2º COLOCADO GRUPO B

1º COLOCADO GRUPO C

JOGO 50 **26JUN** 15h30 RUSTEMBURGO

2º COLOCADO GRUPO D

1º COLOCADO GRUPO D

JOGO 51 **27JUN** 11h BLOEMFONTEIN

2º COLOCADO GRUPO C

1º COLOCADO GRUPO B

JOGO 52 **27JUN** 15h30 JOHANESBURGO

2º COLOCADO GRUPO A

1º COLOCADO GRUPO F

JOGO 55 **29JUN** 11h PRETÓRIA

2º COLOCADO GRUPO E

1º COLOCADO GRUPO H

JOGO 56 **29JUN** 15h30 CIDADE DO CABO

2º COLOCADO GRUPO G

QUARTAS DE FINAL

VENCEDOR JOGO 53

JOGO 57 **02JUL** 11h PORT ELIZABETH

VENCEDOR JOGO 54

VENCEDOR JOGO 49

JOGO 58 **02JUL** 15h30 JOHANESBURGO

VENCEDOR JOGO 50

VENCEDOR JOGO 51

JOGO 59 **03JUL** 11h CIDADE DO CABO

VENCEDOR JOGO 52

VENCEDOR JOGO 55

JOGO 60 **03JUL** 15h30 JOHANESBURGO

VENCEDOR JOGO 56

SEMIFINAL

VENCEDOR **JOGO 57**

JOGO 61 **06JUL** 15h30 CIDADE DO CABO

VENCEDOR **JOGO 58**

DECISÃO DO 3º LUGAR

PERDEDOR **JOGO 61**

JOGO 63 **10JUL** 15h30 PORT ELIZABETH

PERDEDOR **JOGO 62**

GRANDE FINAL

VENCEDOR **JOGO 61**

JOGO 64 **11JUL** 15h30 JOHANESBURGO

VENCEDOR **JOGO 62**

VENCEDOR **JOGO 59**

JOGO 62 **07JUL** 15h30 DURBAN

VENCEDOR **JOGO 60**

AGRADECIMENTOS

Marcelo Martinez
A Martha Ribas e Thais Marques, que com suas ideias – e um entusiasmo permanente – muito contribuíram para a forma final deste projeto.

Aos colecionadores Marcelo Monteiro – do ótimo blog *Memória E.C.* (colunas.globoesporte.com/memoriaec/) – e Rodrigo do Monte Guerra, que gentilmente abriram seus baús de tesouros para a produção deste livro.

A Decio Ayala e Ana Luiza Barcellos (H&D) e Artur Dapieve, Bruno Porto, Carlos Machado, Fabiano Reis, Felipe Muanis, Gustavo Duarte, Igor Campos, João Ferraz, Pedro Lavorato, Romero Cavalcanti e Vinicius Mitchell.

Lédio Carmona
Um muito obrigado, de coração, para Martha Ribas, minha empresária literária, e para os meus superpesquisadores, Alexandre Massi e André Rocha, sérios e dedicados em cada ponto desse livro.

Editora
A Luiz Fernando Lima, parceiro de todas as horas e pai da criança.
A Sven Schaeffner, da FIFA, fundamental para edição deste livro-jogo.
A Ênio Gualberto, Patrícia Príncipe e Anelise Sá, pelo apoio jurídico decisivo.
A José Luiz Bartolo e Raquel Brandão, da Globo Marcas.
A Luís Erlanger, da Central Globo de Comunicação.
A José Martins, diretor-presidente da Panini do Brasil.

Rede Globo
À FIFA.
À CBF.

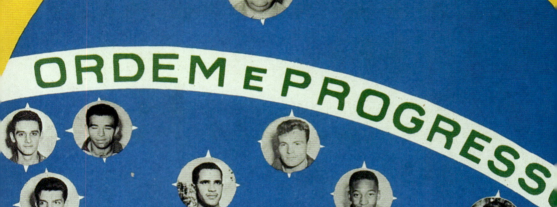

ESTE LIVRO FOI COMPOSTO NA FAMÍLIA TIPOGRÁFICA KNOCKOUT E IMPRESSO EM PAPEL COUCHÉ BRILHO 115 G/M² NA GRÁFICA STAMPPA, COM ACABAMENTOS ESPECIAIS DA H&D FINISHING, EM MAIO DE 2010.

BARBA, CABELO, NARIZ E BIGODE PÁGINA 151

Gol

C

R

Madre

Filhão

CAMISAS DAS SELEÇÕES CAMPEÃS DO MUNDO PÁGINA 141

CAMISAS DOS CAPITÃES BRASILEIROS CAMPEÕES PÁGINAS 62 E 63

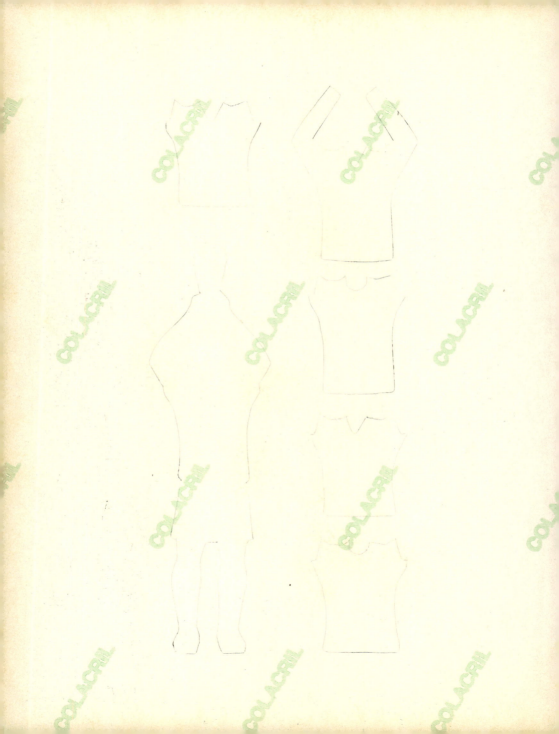

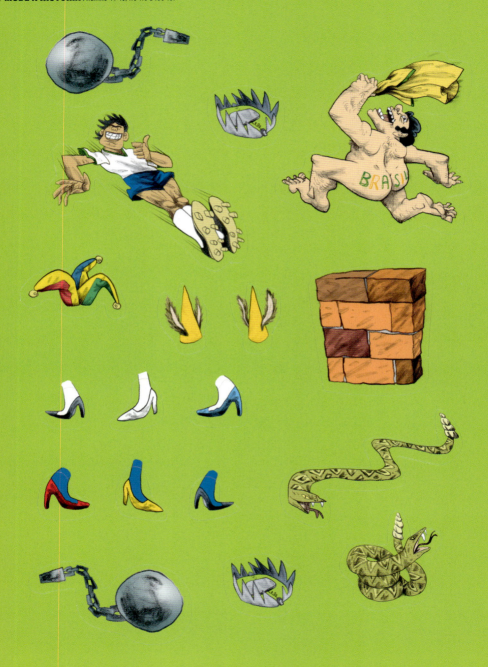

TABELA DA COPA PÁGINAS 188 E 189 (COMPLETE OS CAMPOS EM BRANCO NAS FASES SEGUINTES)

ÁFRICA DO SUL · MÉXICO · URUGUAI · FRANÇA · ARGENTINA · NIGÉRIA · COREIA DO SUL · GRÉCIA · INGLATERRA · ESTADOS UNIDOS · ARGÉLIA · ESLOVÊNIA · ALEMANHA · AUSTRÁLIA · SÉRVIA · GANA

ÁFRICA DO SUL · MÉXICO · URUGUAI · FRANÇA · ARGENTINA · NIGÉRIA · COREIA DO SUL · GRÉCIA · INGLATERRA · ESTADOS UNIDOS · ARGÉLIA · ESLOVÊNIA · ALEMANHA · AUSTRÁLIA · SÉRVIA · GANA

ÁFRICA DO SUL · MÉXICO · URUGUAI · FRANÇA · ARGENTINA · NIGÉRIA · COREIA DO SUL · GRÉCIA · INGLATERRA · ESTADOS UNIDOS · ARGÉLIA · ESLOVÊNIA · ALEMANHA · AUSTRÁLIA · SÉRVIA · GANA

ÁFRICA DO SUL · MÉXICO · URUGUAI · FRANÇA · ARGENTINA · NIGÉRIA · COREIA DO SUL · GRÉCIA · INGLATERRA · ESTADOS UNIDOS · ARGÉLIA · ESLOVÊNIA · ALEMANHA · AUSTRÁLIA · SÉRVIA · GANA

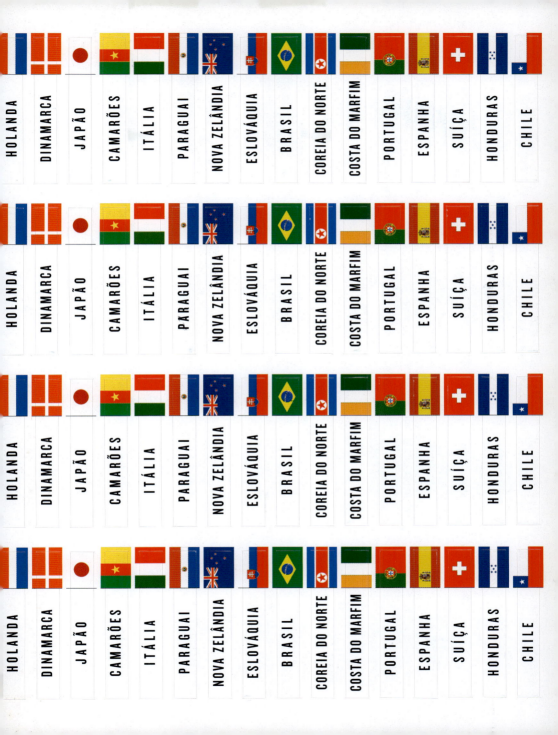